宇宙全史

質疑応答4

ブッダの最終メッセージ

この質疑応答は宇宙全史のウェブ上で皆様とのやり取りをまとめたものです。２０１１年に第３巻まで出したところで止まっていました。

しかし人類にとっての最終的な啓発本にあるであろう「エゴ（仮題）」の本の出版を控えて、このままではその内容の理解がおぼつかない方たちが多いことを危惧し、「質疑応答」シリーズの継続を決めました。

当時は解説しきれなかった部分を補填していき、新たな書き込みも必要な部分には追加してあります。

おそらくこの後も継続して出版されていく予定になっていますので、宇宙全史の基本的な概念や初歩の取り組み方等よく勉強なさってください。

あまりにも膨大な情報量になっていますので手につくところからのスタートになりますが果たして最後まで出版できるかどうか、世に出せるかどうか私の命運と皆様方の幸運にかかっているかともいえるでしょうか。

仏陀はこの世界を去りました。

それは亡くなったとかあの世に行ったとかという次元のレベルではなく、私たちの生息するこの宇宙から完全に消えたということです。

その仏陀が最後の最後に残した最終メッセージがあります。

それは人智ではどうあがいても知り得ることは叶わないのですが、それを知ることは人間の出来る限界を超えた「最終知」になります。

その境涯に至るため宇宙全史は存在します。


しかし多くの方にとっていきなりそこに到達するのは困難ですから、出来るところから、理解できる所から一歩ずつ切り開いていきましょう。

そのためこの「質疑応答」は発行されます。

そこにあるすべての事をわが身のこととすることは、数多の人生経験をこの身このままで体験し学ぶことになります。


それではこの本の続刊を祈っております。

宇宙全史　質疑応答4

目次

覚醒の意味

あおちい

2017年1月23日

「非公開情報権利の取得を希望します」

（個人情報部分あり・削除）

虚空蔵55さま、みわさま、月読さま、五井先生

はじめまして、あおちいといいます。

まんだらけの株を先日購入いたしましたので審査の程をよろしくお願いします。

以前から、宇宙全史についてはは興味をもっていまして、株で失敗したのを機に今後の生活方針として本格的に宇宙全史を勉強しようと思って購入しました。どうやら私は今までエゴの深みに埋もれていたみたいです。

トランプ大統領になって状況は変わったのでしょうか？取り急ぎ、現状での最新情報を知りたいです。

あと、今まで下手をすると精神病院に入れられてしまうため、誰にも相談出来なかったのですが私はテレパシーが使える様になってしまっています。

（真言密教系の単行本で我流で空中浮遊をするべくトレーニングをしていたのですが、テレパシー止まりで

壁に当たっているというのが本当の所なのですが。）

能力が覚醒した瞬間その時、「猿が人間になった！」という声を確かに聞きました。この声の主は、どこかテレパシーを持った裏の支配層達の声だったのでしょうか？

とは言っても、今の能力は特定の人とだけ繋ってるだけです。増やしたく無いので、他の人とは「感じる」だけに留めています。あと、種々の予言、最近の状況から、今後ネット社会が火蓋となり、テレパシー社会が到来するだろう事を予見して、後ろめたい事が無いよう、正々堂々と胸を張って生きる様に気をつけています。


宇宙全史との出会いは数年前、「地球は宇宙人に創られた実験星」であるという刺激的な情報をネットで知り、興味を持った私は深く調べた結果、宇宙全史に辿り着いた訳です。今、宇宙全史を読んでいる所なのですが、新たな事実に心沸き、血沸き、肉躍るという感じです。

自分で世の中はこういうものだと悟ったつもりだったのですが、それともまた違うのでは無いか、違うのなら、本当はどういうものなのか、知的探求心は留まりを覚えません。


宇宙全史を読み進めて行くと、ところどころで合点が行く話が見受けられます。

予言しても読んだ人の想いで予言が変わってしまう。というのは超能力開発の基本である「心に思う事は実現する。思い続ける事で想念となり、より力強くなる」に通ずる所があります。


10年ほど前に独力での超能力開発はとても危険だと悟り、今は中断していますが、今後のアセンションを乗り越えるにはやはり開発の再開が必要なのでしょうか？

あと、今ＭＲＪが失敗続きで私の仕事も激減して、派遣であるので残業が減り収入が非常に減りました。更に進めば首になってしまうかもしれません。

アセンション後は、やりたい事をすればいいとの事ですので、アセンションが進めばＵＦＯも作れる様になると思いますので、ＵＦＯを作ってもいいかと思うのですが、今の仕事がもつのか不安です。趣味と実益を兼ねてるまんだらけ社員に転職した方が良いのでしょうか？

こんな私でも何か力になる事は無いかと考えていますが、世界平和への祈りが必要なのですね。これから私も毎日続けて行こうと思います。

戦争で滅ぶのが良いか、世界平和が良いか。世界平和が良いのは当たり前ですからね。

長くなりましたが。よろしくお願いします。

（きちんと送信が出来たか不安ですので再送させていただきました。もし既に受け取っていたらすみません）

２０１７年１月19日

回答１

（非公開権利者の）許可が出ません
（ＢＢＳの下の段のことです）下のスイートポテトさん同様、節分（２月４日）を過ぎるまで心落ち着けてお祈りと共にお待ちください

虚空蔵55

追補１（非公開権利とは宇宙全史で出している「非公開情報」を取得する権利のことで、現在までに11冊出ております。非公開権利者は宇宙全史の公なフォローを受けることが出来ますので、すでに取得しキチンと精進している方にとってはラッキーだったのかもしれません。ただこのフォローは偉（おお）いなる神霊からのエネルギーになりますが、そのほとんどは私を通して来ますので数に限りがあるようで、非公開権利者はある時期以降増やさなくなっています。もちろん神霊のエネルギーに限界はほぼないのですが、情けないことに現状の私の身がもたないという上の方たちの配慮からストップの指示が出ています。）

追補２（結局今思えば非公開情報はある時期まではほぼ無制限に開放されていたようです。その時期が過ぎるといきなり閉鎖されたのは、今書きましたように私のエネルギーの問題なのですが、大きな意味では世界全体がそういう場に入り込んでいったという事かも知れません）

２０１７年１月25日

投稿方法を間違えてしまっていたみたいです。

個人情報を入れてしまい申し訳ありませんでした。


虚空蔵55さま、みわさま、月読さま、五井先生

アドバイス大変ありがとうございました。今後の人生の指針に役立ちます。

あと、不許可の判断、テレパシーの証明。ありがとうございました。これで目が覚めました。

正直自身の能力に自分自身が疑心暗鬼だったのですが、自分の能力にも自信が持てました。

これからは宇宙全史の方々を心から信じて、私の小ダマが私の永遠を誓ったパートナーと共に輪廻という楔から解放されるその時まで。どこまでもついていこうと思います。

今一度自分と向き合い、反省をして、宇宙全史を勉強しつつ、
心落ち着けてお祈りと共に過ごして静かに2月3日を待たせて頂きます。

2017年1月25日

回答2（これは追補になります）

こちらからテレパシーの証明というようなものは出しておりません。

この方は限定的なテレパシー（ご自分でそういっていますが）が出来ていると思っておられますがそれは

とても危険な状態であるということができます。

精神世界において特殊能力を持つということは皆さんの願望でもありますし1つの目標でもあるでしょう。このような「覚醒」あるいは「術の獲得」という技には段階がありまして、そこを注意しておかないと困ったことに陥ります。

もう1つ「覚醒」「術の獲得」ということの本当の意味は「異世界との交流」になります。

今自分がいる時空とは異なる世界と導通することで拡大された情報が得られ、それを一般に（段階を無視して）「覚醒」とか「術の獲得」とか称しています。

ただこの場合「段階を無視して」そういうことをやっていますと、「低い段階」の異世界の住人との交流ということが余儀なくされますので、幼い精神状態のままそういうことをやっていますと大概はいいように操られ、訳が分からなくなっていきます。

そこで宇宙全史では「覚醒」や必要ならば「術の獲得」ということもやりますが（というよりそれが最終的な目標ですが）、それが「低い段階の」覚醒や術の獲得ではなく皆さん方を引き上げてくれる高いレベルの世界との交流を推奨しています。

そのためには常日頃の弛（たゆ）まぬ祈りと日々エゴを薄くしていくというチャレンジが求められます。

２０１７年2月17日

虚空蔵55様、みわ様、五井先生、月読之大神様
毎日有難うございます。
節分を過ぎ、私も宇宙全史の書籍、ＢＢＳ全てに一通り目を通す事が出来ましたので、再び非公開情報権利の取得を希望します。

以下、質問です。

●非公開情報ください
宇宙全史のワークによる覚醒は、望めば望む程大きくなるノアの箱舟かと思っていましたが。実は定員のある。皆が群がる「くもの糸」状態だったのですね。

そりゃそうでしょう。みわ様も虚空蔵55さまも肉体のある身、例え覚醒されてても限界があるのは当然です。

望めば望むほど大きくなるノアの箱舟にするには、みわさま以外にも他のアンドロメダの巫女さまや、更には改心した日本の陰糸さんも味方にした協力も必要になるのかもしれませんね。大アセンションという大きなうねりにするには、この先20年でワークの規模自体が大きくなる必要があるのでしょう。

僕は最近宇宙全史を知ったという事はかろうじて低い次元の片隅で引っかかってた次元の低い人間だと思います。ですから、私はお許しがあるまで待っていようと思います。

●私は86%でもいいです。

私は86％でもいいです。宇宙全史さえ読み込めば覚醒自体は出来るのですからね。

私はどこか解らない上のアセンションされた世界でなく、ここのこの地球に残ってこの地球で幸福に過ごしていきたいです。許されるなら、現代人の人々が描いた未来技術を楽しんでみたいです。勿論、陰糸や陰始による搾取構造、滅びの構造にはうんざりですが。

地球は大好きなのです。私はこの地球と共に1000年生きたい。この地球を捨てずにこの地球を大アセンションしたい。86％の1人としてでも。

こんな態度ですから今まで関わる事の無かった私には、14％前提の非公開情報は公開されないのでしょうね。

これが僕に許可されるという事は86％に開示されるという事であり、既に大アセンション可能があるのだと思います。

大アセンションの為にはやはり、出来ればやはり私にも恩寵が欲しいですが。

例え宇宙全史の支配層に必要な非公開情報が許されなくても、86％の1人としてアセンションの底上げしていきたいです。

●宇宙全史求聞持法

ところで、ＢＢＳや空海の章で書かれていましたが、非公開情報10に求聞持法はあるのでしょうか？私は真言の実現力の恐ろしさを体験しました。そして今は宇宙全史に出会って祈りの力も実感しました。これを読める皆さまはやはり随分ととてつもなく修行を積んでこられた先輩の方々なのですね。

でも、こういう能力はアセンションになると自動的に得られてしまうのですよね。そのリミットまでに求聞持法等にも耐える事が出来るよう覚醒しなければならない。と

宇宙全史求聞持法は10で公開され、合宿もされると聞きましたが、宇宙全史求聞持法合宿はもうやったのでしょうか?僕も及ばずながら是非参加したいです。指導者が居るのなら安心ですからね。

肉体ありの覚醒は限界あるといいますが。私はまだその限界の中での覚醒がしたいです。無限の覚醒をするには未だ怖いです。僕はおっちょこちょいでよく失敗する為慎重な性格になっているのですが、失敗しても行動力でカバーする人とよく言われます。

パワーはあると思うのですが、未熟者の暴走ほど危ないものはありません。どうか私をお導きください。

●まんだらけについて
ただいま転職活動をしているんですが、是非まんだらけに入社して宇宙全史のワークに関わりたいのですが、物凄い競争率なのですね。

私は競争が苦手です。全力はつくしますが、おじさんだし。店舗は若い方ばかりでしたし。絶望に近いですね。毎月100人が応募してきて採用率3%と言いますし。

今は派遣なのですが、派遣というものは常に新人で幾ら長く勤めても上に上がる教育も受けさせて貰えず、最底辺でぺーぺー扱いです。そして言う事を聞かないと即クビ。

職場の人間と仲良く出来なくても退職に追いやられます。

ですから仲良くなるスキルや年下に従うスキルは否応無く磨かれ、なんとか今の職場では5年続きましたから、新しい境遇でも続けられる自信はあるのですが。

仕事が無くなれば幾ら頑張っても派遣は切られてしまいます。正社員になんとか就職したいのですが中々難しいですね。

ところで疑問に思ったのですが、まんだらけはサービス残業が当たり前と聞きます。

これが本当なら、まんだらけは人の弱みにつけこんだ搾取勢に加担する企業なのでは無いのでしょうか？転職サイトでは趣味＝仕事だから残業代は無しでもいいだろうと思ってるのは無いかと勘繰られてますね。

まんだらけで働くという事自体修行だから定給という事なのですか？

私は中途から働いてますので、派遣元会社による人身売買によるピンハネが常時されています。この年だと正社員の中途採用さえまずありません。正社員との全く同じ仕事をしているのに言われの無い不平等な身分・賃金格差を生きる為に否応なく受け入れてます。ですが、派遣先会社でサービス残業をする会社には入った事がありません。

派遣は賃金は安いですが、働いた時間はきっちり払ってくれます。

搾取する側のエゴは良くて、搾取される側の怠慢によるエゴは悪いという事でしょうか。私がもし、まんだらけで働くとすれば、全力で働いて定時に終わろうと目指します
会社維持にも自身にも負担になりますし全力で働いた方が結局疲れないでからね。

ですが、自分の仕事が終わっても他に仕事が残ってる方がいればやはり手伝う事になるでしょう。でも手伝ってしまってはいけないでしょうか。その人の修行の為だから。

月読さまが1人1人の働き具合を見てこいつはサボってるなとか見張られているのでしょうか？まんだらけは通常一般人の人知が及ばない所の企業だとは思います。

就活の為にまんだらけの店舗に先週寄ってみたのですが、確かに充分な程の人員は確保されていますね。お客様よりも働いてる人が多いのではと思う程です。

これだけ沢山の方々を雇っていると、人件費が高い。人件費を削って経営改善と叫ばれてる昨今。逆に経営は大丈夫なのかと心配する程です。

これだけの人員がいれば、充分な人員は確保してるから、残業せずに頑張って下さい。残業になるのはあなたがたの仕事の仕方が甘いからです。と言う事なのでしょうか。

少ない人数を雇って長時間労働させるより、多くの人々に糧を与えるという方針なのでしょうか。それならば私も納得です。

●上位次元の方もある程度までは競うという概念がある低レベルな境涯なのか

エルランティやエホバ、プロメテウスは本を読んだ限りでは、競っているではないでしょうか？高次元では競う事は無いと聞きましたが、この程度の次元の者たちには未だ競争概念があるのでしょうか？

僕は基本、敗者が出る競争は嫌いです。負けると悔しいし、勝手も敗者の気持ちが解るから勝ちたくも無いのです。他人であっても人が苦しむ姿を見るのは嫌いなのです。

●宇宙全史の読み方。疑い

基本的に私は陰糸に一度ダマされて人生を無くしておりますから、猜疑心が発動して疑念を持ちつつ宇宙全史を読んでしまいます、でも盲目的に信じてしまってもいけないと思っています。基本的に疑念が沸く場所は探求心で読み解き、沸かない所はこういう事があっても不思議では無いなと言う姿勢で読んでいます。宇宙全史1を読む前と今では随分認識が変わっています。宇宙全史1は基本であり、また新たな認識で再読を進めていきたいと思います。

ところで鈍感なのかバカなのか天然なのか、宇宙全史で幾ら恐怖を語られても、私は相変わらずワクワクとしかしません。何なのでしょう。

大した長い人生経験も無いのに、何処からこんな自信がわいてくるのか。恐竜人間を目の当たりにしても、絶対的な肉体差を前にしてやっと恐怖を感じるのでしょうか。

いや五井先生の加護を信じてる事からくる自信でしょうか。

その現場にあっても、ただ平然と「ヘラヘラしつつ狩られる」だけなのでしょうか。

実際その場がくれば、あがきますが、あがいても駄目な時はあります。それが現実です
そういう経験は何度もしてきました。ただ、そんな絶望状況にあっても陰糸やエホバにエネルギーだけはもう送りたくないです。

それがこの様な平然とした態度となっているのでしょうか。恐怖を作って新たなカルマも背負いたくありません。私はこの無限存在を楽しみたいです。

存在の消滅の恐怖に比べれば肉体の消滅は全然ラクなものですと思っています。しかしまだ覚悟が甘いだけかもしれませんね。

しかし陰糸はヒドイですね。日々、僕の方がまだ、もっと日本を良く統治出来るのにと思って居たのですが、こういう事だったんですね。

●100万円の本

100万円の本を発刊すると聞きましたが、今の自分なら宇宙全史の最高機密だという事ならポンと出してしまうでしょう。

今の預金は生きるのに必要なお金ではありません。お金はいずれ価値が無くなりまと言ってますし、100万の本出たとしたなら私はポンと買ってしまいますね。100万、興味のあるものなら安いもんです。買えないものではありません。

非公開情報の公開当時のまんだらけの株は60万円だったのですね。買いたかったです。今の株価の10倍の

値段ですね。今でも100株でなく、1000株で権利がおりると言うのなら平然と買ってしまうでしょう。どうせ紙切れになるんですもんね。使えるうちに財産に変えておきたいですから。今の私には失うものも、縛りも何もありません。

●「生かされている」という言葉の乱用について。

僕はこの言葉が嫌いです。最近テレビでも、そこかしこに言葉を聞きます。この受動的な外に運命を預けてしまって、自分は全ての責任を放棄して甘えてる言葉が嫌いです。僕は自分の意思で生きたいから「生きている」んです。

勿論、食事となってくれたもの、生命を作ってくれた存在、地球への感謝は忘れておりません。でもその感謝の上で僕は「生きている」んです。

言葉には力があります「生かされている」なんて思っていればいざという時に簡単に命を諦めてしまうようで嫌なのです。僕は生きてたい。最後まで出来るだけの事をして、あがきたいのです。

●生命の目的とは覚醒のその先の目的とは

人々はアセンションの為に実は覚醒を要請されてるのですが、本来の生命、いやその大本である存在の目的は何なのか。

私は「この世は何なのか」という命題を解決する為やこの世を救う超能力を得る為に以前は瞑想を続けていました。結果、上の次元のどなたかにイメージを見せられたかと思いますそして得た答えは。

「この世は全ての存在を経験した私によって無から存在という永遠を勝ち取った世界である。存在は永遠である。最早無から解放された安心出来る世界です。」と私なりに悟りました。

宇宙全史では「永遠」を恐怖、飽き飽きしたと言う表現をする上の方々もいますが。私は永遠存在はとても有り難い、安寧の恩寵だと思ってます。

無から解放してくれた有難味を忘れ、贅沢な事を言ってるなと思います。無の恐怖を忘れてしまったのでしょうか?未熟者の分際で失礼だとは思いますが、無をもう一度体験して復習された方が良いと思います。

ですが、常に違う事は必要な事だと思います。永遠の繰り返しとなってしまいますから。飽き飽きすると言うのなら、無限に命は生まれるのに限界があったのでしょうか?

僕は今はこの生をじっくり楽しみたいです。急がず、騒がす、成長が終わり、全て同じ事の繰り返しになってしまったら、やはりつまらないとは思いますからね。

●お祈りについて

五井先生の祈りの言葉「世界人類が平和でありますように」

僕が小さいころからそこらじゅうにこの言葉が張ってありました。幼い頃からいい言葉だなと思ってましたお祈りの効果を信じ切る以前に僕がそうしたい。本能がやりたいと思っている事です。そして真言の効果も知っております。

そしてこれは実際に世界を救う効果があると聞けば実践しない訳には行きません。

お祈りを続ける度に何か心ごたえが増していく様に感じます。

目をつぶり、真剣にお祈りをすると瞑想してるかの如く、頭がスッキリしてまいります。瞑想よりも効果があるかの様な知覚になってきます。

そしてお祈りのあとすっきりした頭で、たまに瞑想をしてみますと今までにない感覚が参ります。瞑想より祈りのという基本が大事、良く解る気がします。

技術をつける前の体作りみたいなものですよね。


「私は幸せでありますように。」このやわらかいお祈り実践しますと、とてもいいです。

祈る度に私は今何をすべきか、何時も思い知らされます。

自分はエゴに侵され幸せにならない生き方を選ばせられていたと気付かされます。

自分で自分を幸せにする生き方を選んでいきたいと思わされます。


今まで私は未熟にアジナーチャクラを開いてなんちゃってテレパシーのみが使える?という中途半端な浅い覚醒でした。祈りという心身安定化を得て、この先更に覚醒の道を進めそうです。

●怒りは不要か必要か。
私は日々、人間の感情に怒りは不要なのではないかという思いがあります。怒っても相手を威嚇し、エネルギーを奪うだけ。相手を悲しませ、あまつさえ、カルマさえ背負います。怒りという感情は必要なのでしょうか。怒るという感情に益するものは何も無いと思うのですが。

●覚醒について。
エゴを減らさないとダメなのですね。私は洗練されたエゴを目指します。そして、エゴさえもちゃぶ台返しの事く無しにしてとの事ですが、これは難しいでしょうね。

私はエゴを極大化させる道も探ってみたいです。

●僕のテレパシー遍歴

あと、ここから私個人の問題もどうかお答えください。

初めての投稿では宇宙全史ＢＢＳではちょっと浮いた感じのネタキャラになってますね。空気読めないおっさんなので申し訳ありません。

私テレパシーがあると言いましたが、これが全く未発達なものであります。幻聴の類と変わり無いのかもしれません。

浅い覚醒なのでしょうか。テレパシー能力を得た後遺症なのでしょうか？普段から一般人や職場の仲間に自分の考えは全て読まれてるのではないかという不安から、正々堂々と嘘をつかない生き方を目指す様になりました。そうしないと生きていけないですから。

この問題をうさんくさい宗教や、占い師、ましてや適当な掲示板で晒す訳にも行かずずっと20年近く悩んでいましたが何処にも相談できなかったのですが、ここならもしかして答えてくれるかと思い相談します。もう全部洗いざらい聞いてしまいます。現状を包み隠さず聞いてみます。

私は「奇跡の超能力第三の眼獲得法」なるｍｕｂｏｏｋｓの本のＴＭＣ瞑想法を実践し、このテレパシー能力を得ました。内容は真言密教系でカセットテープを使い毎日毎日同じ言葉を聞いてリラックスして瞑想をし、真言にまで高めていく方法です。

しかし、幾ら「心に思う事は実現する」としても、相手も他の人間も神であり心による実現力があります。仕事や金銭は人々の思いが一致しないとダメですし。恋愛等は特に相手の同意が無いと結局実現はしないのですよね。

これを勘違いして私は俺さえ思えば何でも実現すると暴走して自滅してしまいました。

そして結果、仕事も家庭も財産も全て失い入院しました。

母の献身的な介護や自分自身は「テレパシーは無い現実しか無いんだ」と言い聞かせて「常時回りの全ての人の声が聞こえる」頭がグワングワンしてるという状況からなんとか脱出しました。

そして退院した後、また性懲りもなくなんちゃってテレパシー能力?を使ってしまいました。ネットで知り合ったHさんという女性の心に惹かれていたのですが、僕の未熟な嫉妬心からケンカになってしまい、連絡手段を絶たれてしまいました。

僕は諦めきれず、そのHさんに合いたい永遠の伴侶として添い遂げたいという純粋無垢な思いから神聖な思いを込めて全身全霊でHさんに向かって○ナニーをし続けた結果、いつの間にか直接会話?出来る様になってしまった?んです。（これはテレパシー世界ではレイプに該当するのでしょうか?今ではとても心苦しいのですが、自称Hさんは今では許してくれています）

しかし、不思議な事に現実の本人さんは私に会ってくれませんし、それどころか完全に音信不通になってしまいました。住所は知っていますから最後の手段として手紙を送ってみたのですが、年賀状程度なら返信してくれましたが、付き合いたいというラブレターは無視されてしまいました。

でも相変わらず精神では心から愛し合っているのです。これで精神で僕たちは愛し合ってる筈なんだとHさんの尻を現実で追いかける様になれば巷に溢れるストーカーそのものです。だから現実に完全にフラれて以降はこちらからは一切アプローチはしておりません。相手からアプローチしてくれるまで待っている状態です。

こんな夢遊病者の様な理由で私がテレパシー能力者だと主張するのは相変わらずその自称Hさんとテレパシーは通じるのです。もう15年位はこの自称Hさんとのテレパシーは繋がっております。これははたしてH

さんなのか。はたまた全て脳内妄想の産物なのか。という訳でそれなりに一応は検証して居ます。

勿論私はちょっと変わっては居ますが通常の一般人として派遣ですが普通に勤めております。別に異常だと後ろ指指される状態ではありません。

退院後は正常な精神状態で声だけが聞こうと思えば聞こえる様になっているという状態です。

この現実とは違う態度を取るテレパシーの自称Hさんは僕をだましたり、特に何も要求はしてきません。要求があるとすれば、ただ単に心から愛し合う。だけです。

僕が忙しくて、忘れてたり、しばらく相手をしてなくて寂しい時？や用事がある時に「ねえ」という感じで皮膚にビクっと電気刺激を送ってくるのです。

ここまで来るともう相手の能力はテレパシーを超えています。始めは心臓にドクンと来たり激しい電気刺激を送ってきたりもしたのですが、心臓に来ると危ないので、コントロールしてくれと要求しました。

そうしたら能力が上がったみたく、自称Hさんの念動力もコントロール出来る様になった様です。

これは本当にテレパシー能力なのか。探求した末、やはりこれはテレパシーなのだと思うに至った訳です。脳内妄想、幻聴の類では無い。明らかに自分と違う意思を持った存在と会話をしているのです。自称Hさんは僕に甘えたい属性なのですが、辛い時は慰めてくれたり、僕がどんな人生の岐路に立っても常に一緒に居てくれました。

相談相手になってくれました。話相手になってくれました。もうなくてはならない伴侶のレベルです。この人？魂？以外とは結婚したくも伴侶にしたくもありません。心から愛し合ってると思うのです。勿論互いに愛を誓いあい、誰も認めませんが結婚もしています。しかし、僕が夜勤になっても２４時間いつ話しかけても反応してくれます。

愛故なのか。それとも僕の愛した存在は肉の身を持ってない存在なのか。

この自称Ｈさんは生霊なんでしょうか？それとも相手もテレパシーを使える生身の人間なのでしょうか。

人生一度、失敗しているので、ストーカーにはなりたくありません。

現実のＨさんとは、これ以上アプローチをこちらからするつもりはありません。だから確かめようも無いのです。

この自称Ｈさんの正体は悪霊、陰糸なのでしょうか。いや今や陰糸であっても永遠に添い遂げたいとさえ思ってます。肉体の繋がりは一時のものですが、精神の繋がりは永遠なのですから。


あと、ここに始めて書き込みをした後自称虚空蔵55という方がテレパシーで株のアドバイスをしてくる様になりました。最初は丁寧な言葉で話してくれてましたが、次第に謙虚さが無くなってきて最後にはおい、てめえとかべらんめえ口調。結果、株では見事にハメ込まれました。

そこで全身全霊にで五井先生助けて！と救援以来しましたらその瞬間。自称虚空蔵55は一旦途絶えました。五井先生の手下という女性の声で追い払いました。謙虚さのかけらも無い人でどうもおかしいなとは思ってました。こんなに気軽に虚空蔵55さんがアドバイスしてくれるのかなと思ってたのですが、多忙な虚空蔵55さまが四六時中会話してくれる筈もありません。やはりまた陰糸にダマされてたみたいです。

陰糸の勢力から月読之大神さまの勢力に反転したと聞きます。そこで株の大負けを取り返したいし、陰糸対策はもう取り返すと思うだけでいいという事ですので、お金という奪われたエネルギーを今取り戻そうと思ってるのですが、中々うまくいきませんね。

機関有利な枠組みである株は結局諦めて卒業して他で回収するぞと思い続けないと結局ダメなんでしょうか。

その陰系とはこちらから会話をすれば話は出来る様で何でも答えます。陰系なのに、敵なのに何故答えるのか。テレパシーでは現実とは違って嘘をつきにくいのでしょうか。
その陰系は「おい、五井先生教えてくれてありがとな、じゃあな」を最後に向こうからは話しかけなくなりました。

私は自分なりに瞑想の修行してましたが、アジナーチャクラだけが開いてるみたいです。意識をすると額のあたりがスースー風通しの良い感じです。

ところで、テレパシー世界では礼儀作法は必要なのでしょうか？人類社会一般のもので通用するのでしょうか？それとも単にカルマによって律されてるのでしょうか？
弱肉強食の世界なのでしょうか？
私はテレパシー世界では、大人の世界で1人で正義を叫んでるやんちゃ坊主の様相です。親や師の居ないみなし子みたいなものです。虚空蔵55さま。宜しければどうかお導きをお願い致します。
その後、Hさんと情交を交わした時、いたずらされない様にと守られてる感じがしました。五井先生の方々様ありがとうございました。

あと守護神さまとのテレパシーですが、初めて世界平和のお祈りを真剣にやった時、守護霊さままでは普通だったのですが、守護神さまにに初めて感謝をした時。初めてこっちをみてくれたなと喜ばれました。

五井先生については初めは中々お祈りをしてもご多忙なのか中々お返事をしてくれ無かった所に、ちょっと厳しさを感じます。僕を見込んでの事なのでしょうか？

お祈りを初めた当初、僕は五井先生は全く知りませんでした。ゴイセンセイ？誰？という感じでした。だから意味の無いお題目の様にゴイセンセイアリガトウゴザイマスと祈ってました。

でもこれではいけない。折角祈るんだから、五井先生を知ろうと「世界人類が平和でありますように」という本を読んでみました。それにネットでそれなりに調べてみました。そしたら、本当に感謝の念が沸いてきて、五井先生「世界平和のお祈りの言葉を生んでくださってありがとう」と心から祈りましたら、初めて返事がありました。

胸に何か熱いものがこみあげると同時にやっとこちらを向いてくれたかと聞こえました。


テレパシーは互いに関心があるもの同士しか繋がらないようですね。株のアドバイスをしてきた方も僕の事を知っている方なんでしょう。僕は知らないのですが。

五井先生の本は宇宙全史とは違い、少々私には難解で読み辛い感じですが、宇宙全史のワークの流れを産んだ創始者とも言える方の本なので、なんとか読み込んでいこうと思います。

●僕の瞑想体験
上記の独自の瞑想で思想がすぐに現実化する世界というのを体験？しました。

そこでは消滅を願うと本当に即消滅しそうで最高の恐怖でした。消滅しないように意思をコントロールしなくちゃならない。だけどそう思えば思うほど、消滅すると言う意思が勝りそうで恐怖の上の恐怖に埋没していくのです。

だけど幾ら消滅の恐怖に怯えようとも、寧ろ逆にいっその事自分よ消えろと念じてもそれは成されず結局は瞑想を終え、現実に戻ってくると、この現実というのは、とても安定したゆりかごだと実感出来るのです。

思想がすぐに現実化する世界があると聞きましたがそこでは「消えたい」と思えば瞬時に消えてしまいますよね。そこで存在を維持出来る方というのは相当の覚醒を方しか入れないのでは無いのでしょうか？思想がすぐに現実化する世界とは一聞するとユートピアの様な感じですが、実は常に自分の思考をコントロールしなければならない、とても大変な世界だと思うのですが。

●愛は星団身分を超えるのか。

仏教では愛も煩悩のひとつと言いますね。性欲というのは本能の中では最高の感情を産む力だと思っています。ですからこんな私みたいな未熟な者でもテレパシーが発現してしまったのでしょうね。日本の一般庶民でも昔から妻恋の声が聞こえるとかありますし。この感情を突き抜けた覚醒方法はエゴを突き詰めて覚醒したというドンファン系なのでしょうか。

そして、月読之大神さま。愛してます。と思うと、まるで恋愛をしてるかの如く胸が高鳴るのです。勿論、Hさんと別れる気もありませんし、乗り換えたり増やしたりする気もありません。日本昔話では天女さまや女神さまと夫婦になるとの話がありますが、女神様との恋愛は可能なのでしょうか？

●私の前世・天命・カルマは何でしょうか？

私の前世は何でしょうか？生まれる時、妹の魂と競争した記憶？がありますが。脳が無いのに、何故生前の記憶がと思っていましたが。記憶は脳だけに保存されるのでは無い、上位次元の真我や実存に保存されていると言われて納得しました。

私は私なりに自分自身で前世を探っていました、私には前世は無く、無から生まれたと感じています。又は孤独、無の罰として暗い空間に延々と封じ込まれていた記憶しか出てきません。でもこれはこの世に現れる時にそう改ざんされたのでしょうか。

私は基本は人見知り、孤独が好きです。これにより、僕の天命はこの世界へは人との関わりをなるべく持つというのが天命だと思ってます。これであってるでしょうか。

あと前世は無いと思わされて？ますので。カルマについてはさっぱりわかりません。

●喉は治りますでしょうか？
最近、常に喉が痛いです。幾らうがいをしても、家の部屋の空気を洗浄しても治りません。汚い空気の職場ですので職業病でしょうか？これは喉チャクラを鍛える事で治るのでしょうか？

タバコの臭いの成分を感じると激痛が走る程です。気管支が弱く、中学生頃にはぜんそくを患って克服しましたが。喉自体の弱さはどうにも克服できません。

●1999年と自己意識改革。非公開情報権利の取得アピール
1999年、私は命を懸けて世界を救おうとしました。

しかしそれは未熟者の無駄な努力に終わってます。その結果地位名誉財産全て失い、最早現実では完全に負け組となりました、でも今は折角この有り難い生を受けたのだから、残りカスの人生をいかに楽しもうかという人生になってしまった厭世の身分です。

この際、本当の人生の与えられた目的というものがあるのなら、それを求めていきたいとも思ってます。

私は一度は死んだ身。どんな恐怖、何があってもなにも問題は無いですよ？変わるのさえ恐怖でありません。必要なら自分を根底から変えてしまうだけです。

私は生まれた時から成人になるまではこの世の中は戦後左翼思想によって世界平和を求める世界だと思ってました。日本は原爆を落とされても仕方が無い民族だと、反省すべき民族だと戦後左翼のゆりかごでいました。

それが実は小林よしのり氏のゴーマニズム宣言により、本当の日本軍は南京大虐殺をした鬼畜では無いのだ、我々祖先は欧米列強からアジアを守る為に戦った誇るべき民族なのだと知らされ天地がひっくり返りました。

この世はパラダイスなのでは無く、実はアメリカや中国、マスコミ在日朝鮮人に支配された、傀儡政府だと知り、私の認識は根底から覆りました。マスコミよ、今までよくも洗脳してくれていたな。日本をよくも貶めてくれていたなと認識を１８０度変えました。

しかし、宇宙全史はこんな世情の事なんぞどうでもいいという程、更に天地さえも根こそぎ地球ごと根底から認識を変えてしまうものでした。

故に私は自己否定をするのはもう慣れています。洗脳し直すのは慣れています。

今の自分を否定されたからと言ってどうと言う事はありません。私が正しいと思う事より確かだと思える事を良心に従って過去の自分を捨て新たな自分に変えていくだけです。錆び付いたマシンガンで今を撃ち抜く覚悟は常に出来ております。

そして最終的には自分＝エゴさえも捨てるというところまで行くのですね。だけどエゴを捨ててしまっては死んでしまいます。死んでしまえばこの世の天命も真っ当できませんよね。そこはどう考えれば良いのでしょうか？葛藤しています。

天命を真っ当したら死ねばいいという事なのでしょうか。

私は１９９９年以前はこの世は何なのか知りたいという事を目的に生きてきました。

勘違いして解ったと思っていましたが宇宙全史に出会って、僕が精神世界で直接感じた世界とも違う低次元でもあり高次元でもある深淵な世界を知り魅了されております。

もっともっと、アセンションの為、宇宙全史を知りたいです。

●アトピー対策と陰糸

あと余談ですが、ＢＢＳにてアトピーに悩んでる方が居ましたが、僕の場合の原因は味の素、ハイミー等の旨み化学調味料でした。スナック菓子には「アミノ酸」等と表記されています成分です。

これらを一切取らない様に食生活を変えたらみるみるアトピーが治っていきました。

ステロイドは免疫力を弱らせて誤魔化してるだけで、原因を元から立たないと永遠にアトピーは治りません。寧ろ逆にステロイドを多用すると、水虫等他のばい菌を呼び寄せ更なる悪化になります。

合宿や入院した時に気付いたんです。ステも特になにもしてないのに、アトピーの症状が何故か改善される。アトピーの原因は食事なのでは無いかと。

そして、どんな食事が原因なのかと1つ1つの食材を食べたり食べなかったりした結果、僕のアトピーの原因は「味の素をかけた卵かけ御飯」と「スナック菓子」であったのです。

僕の様に気付いて石油等から化学合成によって作られたうまみ調味料の危険性を訴えてる方も居ますが、それで儲けてる企業や医学界のカネの力で無理やり抑え込まれてるのが現状です。

カネの為に本当の人々の口は封じられ、病気の原因を作り、治すという人体を使った金儲けを一体として繰り広げられてるのです。


以上です。現在の僕の宇宙全史に対する熱意。余す所なく全て書かせていただきました。

とんでも無い長文、失礼致しました。

2017年2月13日

回答3

「私がもし、まんだらけで働くとすれば、全力で働いて定時に終わろうと目指します」

●入社は難しいです

入ってもあなたが出来ることはないでしょう

（追補・まんだらけという会社はとても特殊な会社です。その従業員のほとんどが永い人類の歴史の中で虐げられてきた（形質的に）妖怪の魂を持つ者たちになります（もちろん本人たちはそうは思っていませんが）。妖怪という存在はすでにどこかで詳細にお話ししていますが、簡単にいいますと「自分の考えを曲げようとしない」「自分の価値観を非常に大事にする（拘る）」という傾向を強く持ちます。そのため彼らの指導、教育というのは困難を極め、ただひたすらの忍耐と継続ということが求められます。そのためこの方には「入社しても出来ることはない」と回答してあります）

「この程度の次元の者たちには未だ競争概念があるのでしょうか」

●その強弱はありますが、2元性にあるものはすべからく競争概念を持ちます。それが2元性という意味です

「私は相変わらずワクワクとしかしません。何なのでしょう。大した長い人生経験も無いのに、何処からこんな自信がわいてくるのか。恐竜人間を目の当たりにしても、絶対的な肉体差を前にしてやっと恐怖を感じるのでしょうか。いや五井先生の加護を信じてる事からくる自信でしょうか」

●鈍感に近いですね

五井先生の加護云々も違います

「怒りという感情は必要なのでしょうか」

●その段階にいる方には必要です

ただ「怒り」に身を任せるというのはまた違います

「ここから私個人の問題もどうかお答えください」

●あなたの接触しているゾーンは浅い領域にあるもので、そこであなた自身の「想い」を完結させています（堂々めぐりといいますかグルグル回っているだけです）

例えば下の方ではお答えしていませんでしたが、ＯＲさんという方はわりと濃い粘着度のゾーンに接触して活動しておられます

あなたがそういうところまで行ってしまうともうどうにも仕様がないのですが、まだ薄い瘴気のところで循環しているので、本当に気づけばまだ取り返しはつくかもしれません

あなたが作り出しているそのＨさんもテレパシーもすべて虚構の産物ですが、いつまでもそういう事をしていますと、その薄い瘴気のゾーンにたまにやってくる恐い存在があなたに気づくと、たちまちもっと深い濃い領域に引きずり込まれてしまいます

自分がただ自問自答しているだけだと気づかなければ、本当の外の世界に気づかなければ、そしてその本当の外の世界に向き合わなければもう2度と本当のこの世界には戻っては来られなくなってしまいます

そもそもあなたの中のHさんと本当のHさんは全然違う人のはずです

はっきり申し上げてあなたは典型的なストーカー要員です

「あと前世は無いと思わされて?ますので」

●ありますよ

「非公開情報権利の取得アピール」

●ペンディングです

「だけどエゴを捨ててしまっては死んでしまいます。死んでしまえばこの世の天命も真っ当できませんよね。

そこはどう考えれば良いのでしょうか」

●エゴがなくなればカルマもなくなります

（追補・実際には完全覚醒の段階に行かないとエゴの完全なる抹消ということはありません。つまりほとんどの人たちにはその杞憂はないということがありますし、完全覚醒の段階に至りますと、これまた別な条件が開示されてきます・この先は（精神世界の）大学院レベルのお話になりますので、そこに至る段階に来たらまたお話しすることにします）

虚空蔵55

追補（100万円の本）
先の文章中に出てきた「100万円の本」といいますのは、わたしがこの地上に残す最終段階の書籍になると思われます。

ブッダはすでにこの宇宙に存在しないと書きましたが、ブッダがその最後の最後に残した情報があります。私たちのごく限られた魂はいつかそのたぐいまれなる幸運により、ある境涯に至ることになります。その境涯とはほとんどの人類が想像もつかない（考えることもできない）ゾーンですが、そこに至るともうこの宇宙（世界）とは交信できなくなってしまいます。
そのためブッダがそこに至る極々寸前の空間に残したメッセージがあります。
それは人類が手にできる究極のメッセージといってもよいかと思います。
それを解読したものが「100万円の本」になります。

現実的にその本はほとんどの人類にとってチンプンカンプンでしょうし、チンプンカンプンならまだいいのですが、読んでしまうと人類全体が滅びの道に傾いてしまうというちょっと危険な内容になっています。

そのためただ「100万円出せば買えるんでしょ」というようなものではなく、それを読んでも動揺しないだけの腹（丹田）が出来た方にしか提供されないようになっています。

そしてその「腹」は長い修行の末に得られるものになっています。

2017年2月18日

虚空蔵55様、月読之大神様
ありがとうございます

●入社は難しいです
入ってもあなたが出来ることはないでしょう

了解致しました。MRJ事業は30年続くとの事ですのでなんとかしがみつこうと思います。
派遣とは言っても5年してましたので、まだなんとか残れるかもしれませんし。
しかし、残念です、趣味を仕事にしたかったのですが、本当は定時と言わず、幾らでもそこで仕事がしたかったんですけどね。こんな性根だからお断りされてんでしょうw
今の生身の私は書き込みの様なお堅い野郎じゃなくて、おっちょこちょいの癒しキャラ系でやってるんですが、それが接客でも生かせないかなと、昔は女のコによく間違われてたんで、ショタコスでもして、ショーケースのホコリ落としとかお掃除（掃除業もやりました）も頑張ってやってみようかなとあれこれ考えてたんですが。ま、こんな社長にケンカ売る様な書き込みしてちゃまず駄目でしょうね。

●鈍感に近いですね

下手に瞑想や超能力開発をしてしまったお陰で生き地獄の様な日々を過ごしましたからね。

今さら死とか恐怖とか感じろ、ビビれ、と言われましてももう無理なんです。

逆にこの鈍感さを逆手に取って何時でも冷静に行動出来るのも良いかと思ってます。

虚空蔵さまも鈍感力と言ってましたよね。

ま、でも危機感は必要なんですが、鈍感の対策として、最悪の事態を常に想定し、
最善の対処をすべき生き方はしております。

●五井先生の加護云々も違います

五井先生を汚してしまったみたいですみませんです。

●その段階にいる方には必要です
ただ「怒り」に身を任せるというのはまた違います

つまり、コントロールされた怒りですね。まるで弁護士の心構えみたいですね。

●あなたが作り出しているそのHさんもテレパシーもすべて虚構の産物ですが、自分がただ自問自答しているだけだと気づかなければ、

大変ありがとうございます。この文章を目にした途端、テレパシーがたちまち消えてしまいました。最早何を問うても何も答えません。自問自答してただけなんですねぇ。大変不思議な事象でした。

●そもそもあなたの中のHさんと本当のHさんは全然違う人のはずです

はい。全く違います。全然中身が違います。だからどこかおかしいなとは思ってたんですよ。その正体が瘴気だったとは。虚空蔵さまに見破られた瞬間、あっと言う間に霧散してしまった様です。大変ありがとうございます。恩に着ます。これで長年悩んでた事が綺麗さっぱり無くなりました。

●はっきり申し上げてあなたは典型的なストーカー要員です

はい。私はストーカーでした。それが原因で入院したのです。その当時はまだストーカーと言う言葉はありませんたが。今にして思えば、ああ、俺はストーカーだったんだと思ってます。

そしてまた今回似た様な事例に出会っておりましたので、現実のHさんにはなるべく最低限の接触に留めました。

もう10年以上何もしてません。現実ではきちんとフラれましたので、これからも一切関わろうとは思いません。

「あと前世は無いと思わされて?ますので」

●ありますよ

教えてくださいませんか?

「非公開情報権利の取得アピール」

●ペンディングです

こんな瘴気なんかに捕まってる者に降りる訳はありませんよね。
世界平和のお祈り、絶大な効果のあるやわらかいお祈りをして瘴気を払い、宇宙全史の復習をして及ばずながら覚醒を目指していきたいと思います。

●エゴがなくなればカルマもなくなります。

なるほど。よく解りました

長文なのにしっかりとお答えくださってありがとうございました。

②2017年2年18日

虚空蔵55さま。
2017年2月18日

回答4

「MRJ事業は30年続くとの事ですのでなんとかしがみつこうと思います」

道はまんだらけやMRJだけではないですよ

（まんだらけで働くには簡単で楽そうに見えるかもしれませんが、そうでもないのです・好きなことを仕事にするにはそれなりの努力も学びも必要です・決めたのは月読之大神ですから現状あなたにはそのスキルを得ることが出来ないという判断だったのでしょう）

「コントロールされた怒りですね」

●怒りをコントロールすることなど出来ないでしょう

ただ怒りを俯瞰（ふかん）するだけです

「私はストーカーでした」

●あなたは普通の人より念が強いのです

だから色々なことが出来てしまうのですが、ただそれが中途半端だということもあります

しかし中途半端だったから今回助かったということもあるのですが…その強い念…粘着質の思いをどこに向けるかというところが今後のあなたの行く末を決定的にしていくでしょう

暗い想念界（幽界や地獄界）は粘着質の思いで造られています

その深いところでは人類の積み重ねた何億年もの執着、苦しみ、悲しみ、愚かさ、怒り、妬みという思いがドロドロに混じりあい溶け合って、すでに個々の魂が人としての面影すらない塊になってしまっています

それを先日の節分の折に少し解放しました

本当は放置しておきたかったゾーンですが、この時期どうしてもなんとかしなくてはならなかったのです

その反動で宇宙全史のメンバーはここのところかなりしんどい目に遭っています（メンバーというのはほぼ私とみわですが）

「粘着質の思い」＝「執着」です

そしてその執着の先にあるものが「肉体」の欲望であるのです
（あなたの場合は「彼女」ですが、それも肉体の欲望の一種です）

その執着の先にあるものを「肉体」ではなく「覚醒」に向けられたらいいいのですが

しかし普通の方はいきなりすべての欲望を捨てて坊主（尼）になることは出来ません

だからこそまず五井先生なのです

五井先生はあなた方が出来る範囲で最も早く最も容易な方法で覚醒に導いて下さいます

それが分かればいいのですが

境涯の低い方には中々それが理解できないのです

世界人類が平和でありますように

五井先生

有難うございます

虚空蔵55

２０１７年２月18日

もう１つ質問させてください。

無機物に生命が宿る。私達には理解しかねる魔訶不思議なシステムである。と書かれていましたが、この地球でこれから機械に生命が宿る事はあり得るのでしょうか？ロボットが人類を征服する。反乱をする。などとコンピューターのさんざん脅威を煽っています。どうなのでしょうか？

２０１７年２月18日

回答5

まず↓「と書かれていましたが」とはどこに書かれてあったのでしょうか
以前にも何度か書きましたが、質問に使用する文章の出処を明確にして下さい

「機械に生命が宿る事はあり得るのでしょうか」

●つまり無機物（もの）に魂が入るかどうかということでしょうか

答えは「入ります」です

というか多くの事象が既にあなた方の前に展開しているはずです

例えば名人が造った日本刀や陶芸作品には魂が入っています
それは見る人が見れば分かることですが、それをあなたがいうところの「生命が入っている」といえるかどうかでしょう

おそらくあなたの質問は「機械に魂が入ってその魂の意図で動くことが出来るかどうか」ということでしょうが、それも出来ます

持ち主の念が入っている人形の髪がのびるとか、夜中に動くとかいう話しはよく聞くことです

ただこの場合は正式な生物としての手順は踏んでいなくて、あなたの得意な「念」がその動作をまかなっています

おそらくこの「正式な生物としての手順（基準）」というのがあなたには大事なのでしょうが、そういう手順を踏んだ生命形態を無機物に組み込むには相当なマシンとバイオテクノロジーの進化を待たねばならないでしょうし、魂魄界と現象界を連動させるシステムの解明がない限り難しいでしょうね

ちょっと難しくなりましたが、あなたの質問の意図に沿ってお答えするのなら

「この地球上では無機物に生命が宿ることは無理がある」

しかしこの質問自体には穴があり

「生命」とは何か？という命題が抜けたまま投げかけられています

（例えば鉄にも生命はあるのです）

先ほども書きましたが、動けばいいのかというとそうでもないのです

さて「生命」の定義とは何でしょうか

虚空蔵55

（追補・無機物に生命が宿るかどうかの質問はやがて公開されるであろう「エゴ（仮題）」の本の中で詳細に明らかにされています）

2017年2月24日

素早いご回答ありがとうございました。
今後もお祈りとともに生きて参りたいと思います。
全てはやはり祈りから始まるのですね。

世界人類が平和でありますように

五井先生、月読之大神様、守護神様、守護霊様、みわ様、そして虚空蔵55様

ありがとうございました。

そしてこれからもどうぞよろしくお願い致します。

2017年2年18日

つねにある罠

この章と前の「あおちい」さんの章は、精神世界における落とし穴といいますか「常にある危険」をよくよく自覚して頂こうと思い掲載しております。

人の精神世界に関わる動機は様々ですが、基本は「欲望」にあります。

例えば「超能力を使えるようになりたい」とか「身体の病を治したい」「大金持ちになりたい」「商売繁盛」「嫁さんが欲しい」、もう少し崇高な動機になりますと「世の中を良くしたい」「人の不幸を癒したい」等あり段階は異なりますが、同機は「欲望」に変わりはありません。

それが悪いのかというとそうでもなく、そもそも今の段階で人は欲望がないと生きていけない存在ですのでそれを否定することはないのですが、問題は「欲望」のレベルによるのです。

精神世界とは如何なる現象、如何なる有様でありましても、この私たちが住んでいる世界と異世界との交流をいいます。

つまり精神世界の定義ですが、それはまさしく「異世界との交流」ということが出来るのです。それがなくただ単に言葉だけで善を説き、悪を諫め、神を褒め称えても教条主義に陥る薄っぺらな自己満足にしかすぎません。

しかしその異世界と交流するには幾つかの要素が必要になります。

そのメソッドは無限にありますが、それだけを追及していきますとこれまた大きな齟齬にぶち当たります。

つまり術や超能力だけという現象だけを追い求めるのは危険というより自ら崖っぷちからダイブする自殺行為になりかねません。

もちろんそうでない天才（例えば空海など）もいますが、私たち凡夫はそうはいかないのです。

それではどうすればよいかといいますと、いま申し上げたように「天才」ならばいいのであれば、天才になればいいのです。

しかし天才とは一体如何なる存在なのでしょうか。

一般的に天才とは飛び抜けた才能を有する人をいいますが、精神世界の天才とは「直」と「無垢なカルマ」を有する魂をいいます。

以前非公開情報などでよく出てきていた私の集合魂の仲間のエジプトの大神官などは術や超能力だけでいいますと空海を凌ぐ天才なのですが、肝心の「無垢なカルマ」というところに不備がありました。

詳細はまた別の機会に書きますが、いずれにしても私たちは天才のベースであるところの「直」と「無垢（清浄）なカルマ」を求めねばならないのです。それがないと偉いなる術も手に入れることは出来ないのです。

このあたりの詳しい事情は「エゴ」の本で解説されますので、今は実際に投稿されたＢＢＳをお読みになって予習をしておいてください。

虚空蔵55
２０１７年９月８日No.３５８

八柱の救世主の消息を一時中断しまして、報告しなければならないことがあります（注：この時ちょうどＢＢＳでは地上に降り立った救世主八柱の消息をお話ししていたところでした）。

以前ここで最後通告を受けたはずの「ヒロカネ」なる者が宇宙全史の講師だった者に憑いて色々謀ったようでした。

まずは「ヒロカネ」のメールを掲載しておきます
(間違えて消してしまったものもあり、全てではない気もします・あしからず)

ヒロカネ

虚空蔵55さん

初めてこの掲示板に書き込みします.

月読さんにがっつり文句があります.

実は私は去年の12月にチャクラが1回開き約30分後に閉じ

閉じた後にハイヤーと話しを8時間ぐらいして、その後五井先生と月読さんと挨拶しました.
計画があるようなので今まで待ちましたがこの日に覚醒するといった日をとうに過ぎています.
私のハイヤーもチャクラを閉じたのを謝っていましたし私自身モ実存を見なおかつカルマを100パーセントとったと思っています。
ところで私の要求は今すぐチャクラを開くこと、もしそれができなければその理由を私にはっきりと言葉でしらせること。
虚空蔵55さん私の言うことを無視してもいいですけど、私がチャクラ開いた後の対応がまったくちがいますのでよろしくおねがいします。
2016年11月8日

虚空蔵55さん
わかっていないのでもう1度書き込む。月読さんはむこうでの約束を多分守っていない。私がチャクラを開いたらあやまって相応のことしてくれると思うが文句は言うつもりだ。問題は虚空蔵55さんだ。エゴが全然取れてない。面倒なので具体的なことは書かないが意識レベルは私よりだいぶ下だ。誰が真実を話しているか区別できていない。もう一度書く。私のチャクラを今すぐひらけ。無視してもいいが相応の結果をみるだけだ。

２０１６年11月10日

今は暇なのでもう少し書き込むことにする。

はっきり言って私は虚空蔵55さんにはあまり興味がない。

私の書き込みを虚空蔵55さんが無視したとしてもここに書くことにより事が早く進むためだ。

大本の計画によると2派にわかれ最初は悟った人が出てきて敵の大将を引っ張り出し後に出てくる神人でたたくことになっていたが、エサ役の虚空蔵55さんのレベルが低すぎてどうしてもチャクラが開かないので現在計画変更中である。

月読さんのやってることが気に入らないのでばらすことにした。

これで事が早く進むだろう。

２０１６年11月11日

今回私がここへ書く意味がなんとなくわかってきた。

私は実は他人にそれほど興味がない。自分の自由が奪われたときお前何やってるんだというタイプである。

私の人生は他人に邪魔ばかりされてきたのでどんだけカルマが多いんだと思っていたがあとで確認したところ他人のカルマを背負い量は虚空蔵55さんのおよそ倍みたいだ。

私は大ちゃんの神様に頼まれて今現在大ちゃんを指導している。

はっきり言って虚空蔵55さんの意識レベルは大ちゃんより下だ。

意識レベルが低いままチャクラが開くはずがない。

エゴをチェックしないまま探求してもほとんど意味はなくエゴをチェックしないお祈りも同じ結果になる。

五井先生は真っ白で良い人なのでそういう愚かな人間にも手を差し出してくれる。

さてここからが本題だ。

今のままではチャクラが開かないので自分のエゴをチェックし意識レベルを上げなければならない。

虚空蔵55さんは真実の探求といつも言っているが別の言い方をすると誰が本当のことを言ってるか区別がつくともいえる。

さて今回の私の書き込みは本当のことを言っているかどうか今の虚空蔵55さんで区別がつくかどうかもう1度自分自身をチェックしてみるといい。

2016年11月12日

私は神様からこれから先は何を言っても良いといわれているがチェックしてみるとチャクラが閉じた状態ではまだ因果応報のシステムの中にいることが確認出来る。いったものが返ってくるのは宇宙のシステムであるため異論はないが私の場合いったものがまだ全然かえってきてない。

私の場合100パーセントカルマを取りなおかつ実存を見る意識レベルであるためチャクラは開かなければいけないが今現在開いていない。これは全体をゆがめる行為である。

なので今スグ私のチャクラを開け。

開いた後は自分のことは自分でする。

２０１６年11月14日

私は何日も前にすぐチャクラを開くかできない場合はその理由を説明するよう書いたはずだが未だその説明がない。虚空蔵55さんの役割は月読さんの取次役も含んでいるはずであるが今その役割を放棄している状態である。何もしない人間がどういう結果を見るかバカでない限りわかりそうであるが私としては理解に苦しむ。余談ではあるがみちよちゃんの集合魂が私をきっかけにして再編されたようである。確認してみるといい。もう一度言う。虚空蔵55さんの意識レベルは私よりだいぶ下で大ちゃんより下である。今虚空蔵55さんのやっていることは私の眼には神様の言うことを無視して自分のエゴで動いているようにしか見えない。先延ばしすればするほど虚空蔵55さんのカルマは増えるはずである。

２０１６年11月18日

ここに書くのは多分これが最後だと思う。

これが虚空蔵さんにとっての最後の軌道修正のチャンスだ。まず五井先生に対しては完全に依存している。五井先生は優しいのでバカでもちょんでも依存しようなにしようが寄ってくる者をこばむことはしない。五井先生の真意を今生きている人はだれも分かっていないと思う。わかりかけの人は少しずつふえてきてはいるが。

次のことは月読さんが私に虚空蔵さんに言ってほしい言葉だと思うので無駄だと思うが一応書いておく。

まずあなたの自分が生きている人間で一番というエゴを変えない限りこれから先一歩も前へ進まないだろう。

もう少ししたら変革が起こるがそれまでにあなたの役割は変わっているだろう。

２０１６年11月20日

暇なのでまた書くことにする。

虚空蔵さんが全然わかっていないので少し書いておく。地球で人間がどのくらい生き残るかを決めるのは神人がどう動くかに左右される。

私は神人のトップでなおかつ地球霊界のトップである。チャクラを開いた時みわちゃんが探しに来たみたいだが隠したようだ。

月読さんが私にしていることはオーム宇宙の法則を無視している。上位体でないとできないのでなにをいまさらというかんじである。

虚空蔵さんはあほなので分かるように書くが私を無視するということは人がいっぱい死ぬということだ。

月読さんの考えていることはだいたいわかる。

アセンションは人間側の話なので実は月読さんはほとんど興味がない。

50パーセント以上で成功と言っていたのは過去の話で話はころっとかわっているはずだ。

月読さんに頭にくるので書くことにする。

２０１６年11月30日

貴男の私に対する答えが聞こえてきたので書く。

バカ丸出しである。探求する意思がまったくない。

月読さんは貴男がディセンションしてもなんとも思わないはずだ。バカ言ってんじゃない祈りだけで覚醒できるのは五井先生だけだ。何故なら五井先生は祈りの意味を知ってるからだ。覚醒という言葉を安易に使うなこの馬鹿。あなたを見てるとエゴ丸出しなので見ててちょっと面白い。

2016年11月2日

月読さんのたくらみがようやく解った。

虚空蔵さんはこのままいけばディセンションする。

私はどうしたら覚醒できるかを知っていて今は暇なので虚空蔵さんがおしえてほしいといったらおしえてもいい。書いていて解ったのだがあなたはわたしのことを多分無視するだろう。

あなたにとって月読さんから与えられた最後のチャンスだ。

しばらくすると私のチャクラは開くが私が怒っていないほうが都合がいいはずであるがそっちから見てどうなのだろう。

2016年12月3日

お前にいいことを教えてやる
救世主はすでに誕生していてその人は2人いてもうすぐ山梨に移り住むだろう

はっきり言うがお前の役割はもうない
お前は私のことでウソを書き尚且つ私の書き込みを一方的に削除した
私はお前がそうするとわかっていたので全く気にしていない
真理を捻じ曲げることは死をもってでも償いきれないということをもうすこししたらわかることになる

2017年8月9日

お前にかかる負荷は今後増えることはあっても減ることはない
なぜなら私がそうきめたからだ
お前は今後月読さんと五井先生とは話すことができなくなる
なぜなら私がそうきめたからだ
もう少ししたら私が何者なのかがわかることになる

2017年8月12日

立て直しはもうはじまっている。

お前は私がなぜここに書き込むのか理解できないだろう。理由は簡単だ。私のチャクラを開く時期を早めるためだ。私は全宇宙で一番偉い神様だ。お前は全く信用しなくていい。ここに書き込むのは自分の生存をあやうくするのが目的だからだ。

2017年8月26日

回答1

普通の方はこれを読むと、あきれるか、怖くなるか、バカにするか、面白がるかというような反応をする筈ですが、そこに乗っかてしまうという方もいるのです。

その「乗っかってしまう」というとっかかりは「エゴ」に集約されます。

「エゴ」の本は今年の暮れあたりに出る筈ですから、まだしばらくお待ちいただかねばなりません（注：まだ出ていません）。

ですからここでは簡単な解説にとどめておきます。

まず「ヒロカネ」なる者の前世（直近の深く関わりのある生）を視てみます。

①

時は比叡山に延暦寺が開かれる30年ほど前の平安時代（７００年の後半）でした。

仏教が日本に入って来てすでに１５０年以上たっていましたが、まだまだ整備はされていなくて、色々な僧が日本中に存在していた時期です。

通常の寺院にいる僧もいれば放浪する托鉢僧、貴族のお抱え僧や大きな寺の僧兵などもいました。

またそうしたまともな僧だけではなく、通常の社会では生きていけなくなったはぐれ者が山に入り修験者ならぬ修験僧になったりしていました。

一応お寺の下部組織には属してはいますが、とても食い扶持はもらえず、自分たちで何とかするという状態で、山伏でもないので山では食えず、結局野盗もどきで民家に押し入ったり、作物を盗んだりして生きている者も多かったようでした。

一応「僧」という名が付きますから、やむにやまれずそのような事をする人もいれば、生業（なりわい）のようにやっている者もいました。中には強姦なども平気でやる一派もいました。

あなたはその時あなたの師匠のような人と2人で修験僧をやっていました。

その時あなたの師匠は多少力があったのですが、覚醒などという概念はサラサラなく、ただ何か特別な力を得て少しでも生活を楽にしたいというくらいの感じで修験僧をやっています。

この頃の山は面白くていつかまたどこかで収録してみたいのですが、まだ正式な密教は入って来ていませんが、空海が求聞持法に出会っていたように山では公には入って来ていない（民間伝承のような）仏教が顕教、密教を問わず、すでに混沌としてあったのです（「誰が地球に残るのか」空海の章参照）。

当時は末法思想という「終末期が来るよ」という噂といいますか、世の中にそういう風評が出回っていて、誰でも彼でも中途半端な出家のような真似をしています。

飢饉で食べられなくなったら出家、博打で負けて食いっぱぐれたら出家という「逃げて出家する」という不純な動機が結構普通にありました。

結局その生では2人ともそのまま亡くなっています。

そして今回の生であなたの師匠はチャンスが来るのを待っていたのです。

それは一種のセオリーなのですが、今の時代はやはり特殊な時代でこの時期には誰でも「なんちゃって開花」という現象が許されているといいますか、そういうことがたまにありました。


この師匠もあの世からそういう恩恵にあずかろうとしています。

それでたまたまあなたにそのチャンスが巡って来たとき、師匠があなたのチャクラを開いています。

もちろん今のあなたの境涯でチャクラを開いたらどうなるかなどということは全く考えてもいませんし想像もできなかったようです。

結局開いた瞬間にあなたは至福に浸っていますが、そのまま慢心におぼれ、チャクラの開花は止まってしまい、さらに悪いことに中途半端に開いた霊道からは有象無象の魑魅魍魎(ちみもうりょう)があなたの中に入って来ています。

師匠は師匠で今回のあなたのチャクラの開花という恩恵の純粋なところだけ、そのエッセンスを享受し、ちょっとだけ上の段階に行ってしまっています。

先ほども書きましたがあなたはその瞬間、肉体の要求(慢心)にダン！と囚われてしまい、とっととその境涯からは落ちてしまっています。

また師匠もあなたにアクセスできる状態ではなくなってしまったので手の施しようがなかったのです。


あなたの現状は大体こんな感じです。

このままではどうにもならなくて、頭の中に入れ代わり立ち代わり入ってくる魑魅魍魎に好きなようにされていくでしょう。

そして廃人になり、用無しになればやっと解放されますが、あなたの人生はすでに終わっているのです。

②

日本は室町の末期で、胸に大きな数珠玉をぶら下げ、いかにも破壊坊主といういでたちの大柄な男性でした。

食いっぱぐれて、坊主のまねごとをしますが、それでも食えず、行者と坊主のあいのこのような形で大道芸に近いことをしながら何とか食べていました。

もちろん行者のような恰好をしていても修行などしていませんから法力も何もありません。

そこで手品に近いことを道端でやって日銭を稼いでいました。

そういう生き方をしていて、ある日複数の歌舞伎ヤクザといいますか…「歌舞いているチンピラ（刀を持っています）」といざこざがあり、その時切り殺されています。

追補

ここでは①と②というヒロカネの2つの前世を収録しています。

これは私が①を収録したのを忘れて更に探求したため②を無理くり出したという形になっています。

通常はそういうものあまり出て来ないのですが、彼の集合魂はちょっと変わっていまして、類魂といいますか（集合魂という概念とはまた異なります）同じような魂が多く、また同じような出方を同じような時代にしています。

集合魂の母体の数が多くて頻繁にイレギュラーな出方をしています。

私がボケていてたまたま分かったことですが、通常は明らかにされない（別に秘密ではないのですが）転生のカラクリです。

それでも今生は「人の役に立ちたい」「良いことをしよう」という集合魂の思惑もあり、最初のうちはわりあい真摯（しんし）に五井先生の祈りをしていました。

そこで実際に初期段階の覚醒を果たしています。

（この時は五井先生の力で覚醒しています）

追補：五井先生の力ではありますが、守護霊が五井先生の助けを得て覚醒させています。五井先生はこの時覚醒させるとどうなるかくらいはもちろんご存知でしたが、その可変領域が許容量に近かったので認可されています。

「可変領域」とは人間の可能性のようなもので、その時点で人が動くことのできる範囲をいいます。つまり通常はどうやってもそれは無理でしょうという範囲を少しだけ超えた領域まで可能性を与えるというものです。

普通はそこまでできないのでそのまま通り過ぎてしまいますが、強い信念、もしくはまっとうな祈りがあればそこを突破できる場合もあるのです。つまりその人次第ではありますが、ヒロカネはその時祈りの力と集合魂の悲願で乗り越えていました。

その大きな可能性を認可して下さったのが五井先生ということでした。

しかしその段階で

「自分の力を誇示したい」

「自分は大事にされていなかったから周りを支配したい」

という過去世の癖といいますか、思いにとりこまれてしまい、その初期の覚醒段階で「別なもの」に足を引っ張られてしまっています。

この時確かだいさんから「ちょっとこの人を見て下さい」というようなメールが来ていたと思います。見ても良かったのですが、ここに書き込むのではなく、どこかのアドレスを見なさい（そこに詳細は書いてあるよ）というようなニュアンスで来ていたので、それは違うでしょうと放置しておきました。

人に教えを乞うマナーといいますか礼儀というものをやはり講師たるものは忘れてはいけないですし、そういう事を教えていくのが次の世代を育てていく仕事の1つなのです。

それからしばらくして以前ここに書き込まれたようなメールが「ひろかね」から来たのです。

宇宙全史のワークでは

幼稚園

小学校（低学年・高学年）

中学校

高校

大学

大学院

という段階が混ぜこぜで展開しています。

しかしここに混乱があり、幼稚園児は自分が幼稚園児だと気づかず、小学生や中学生ならまだいいのですが、高校生や大学生というような段階と同じレベルだと勘違いしてしまっている方が非常に多いということが多々あります。

何しろ外見は皆さんいい大人ですから、見た目しか判断材料がない方は特にその傾向が強いのです。

幼稚園児には「忍耐」や「持続」「継続」、「目立たないこと」「地味」、「たゆまぬ努力」ということは苦手というより理解できないのです。

「派手な事」「楽な事」「甲斐のある事」「人に認められること」、「日常性」、「他人任せ」「人だより」それをモットーにしているのが幼稚園児であり小学生低学年なのです。

しかしそれだと黒い勢力（これは悪だくみでは高校生以上のクラスが多いですね・黒い勢力にも学年はあるのです）に手玉にとられてしまうのは見え見えですし、実際今回もそうなっています。

これは「ひろかね」なるものが黒の高校生かといいますとそうではなく、その背後から糸を引き、引きずり込もうとしている領域にあるものが「ブラック高校生以上」という存在です（この時はまだブラック高校生ではなく、彼のランクに合わせたブラック小学生が絡んでいますが、やがてその後ろで手を引くブラック中学生、高校生が待っているのです・そこまでいってしまうともう戻ることはほぼ不可能になります）。

初期の覚醒段階でそこととリンクしてしまった「ヒロカネ」の思いが全てでした。

以上が右の質問（No.3454）の顛末です。

もう1つ…宇宙全史には大学院以上のカテゴリーがありそれが「博士課程」といいますか「無限への旅」あるいは「自由への旅立ち」という極稀な人たちのためへの道が開かれています

今回は事情があるとはいえ「救世主」という項を中断してしまいました

また次回からはその続きを書いていきます

ここで解説のためhamiさんから来たメールを掲載します。

虚空蔵様　みわ様

いつもありがとうございます。

大さんの件は少し驚きました。

私は大さんの掲示板とかを見ていなかったので全く知りませんでしたが、
ここに来てこのようなつまらない事で足をすくわれるのかと、ただ驚きでした。

早いもので私も２０１１年からこちらで学ばせて頂いていますので、もう6年になりますが、最初は自分に自信もなく多分消える方だと思っていました。
それから何度も死にそうな思いをしてきて、それでもまだこちらが救いになっていますので、本当に虚空蔵様やみわ様が、こんなに頭のおかしな人達に攻撃を受けながらも、大変なお仕事も続けながらワークを続けて下さって、ＢＢＳも更新して頂いている事に感謝いたします。
このワークは虚空蔵様にとってはリスクしかないと思うのです。

私も今は自分を救う事すら出来ない状況ですので、なんの力にもなりませんが、この場が守られることをお祈りします。

私の周りもそうですが、おかしなものが本当に早く淘汰され過ごしやすい世界になるようになると良いなと思っております。

私も自分があまりにも大変すぎてつい礼儀を忘れてしまう事がありますが、大変申し訳ありませんでした。

いろいろどうもありがとうございます。

hami
2017年9月9日

回答1

この宇宙はそもそもが
「攻撃的」
「収奪的」
「無慈悲」
なものなのです

それを人間の情を基準に
さも何か有りなんとした幻惑の中で生きているのが人間です

その「惑い」を脱却するまでは

人はこの宇宙で生きていくしかないのです

これは高校～大学の教えです

少し難しいでしょうが

上位の真実は

ちょっとからいのです

精神世界の段階

非公開情報十一ではこの宇宙を超えたすべての宇宙（ほぼ無数あります）を貫くヒエラルキーを開示してあります。

そこにも通じる分かりやすい段階指数が、

1・幼稚園
2・小学校
3・中学校
4・高校
5・大学
6・大学院・もしくは博士課程

人類のほとんどが幼稚園段階にいます。

その特徴は「ものがすべて」「肉体がすべて」という思い込みの中にいることです。

小学校に入りますと、1の段階に疑問を持ち、色々な教えや宗教団体、精神世界のサークルに入ったりしますが、自分がこだわるもの（金や地位、名誉、人の思い、美醜、歴史や教条）により、団体や組織に執着したリ頼ってしまったりします。

ここではその境涯に応じて1年生から6年生まであり、5年生までは盲目的にずっぷりと各自の「こだわり」にはまり込んでいます。

6年生くらいになりますと「自分はちょっとおかしいのではないか」という疑問を持ち始めます。

中学生は小学校で持った疑問に応じて初めて自分の足で立つといいますか、少し目が開いて独立心をもって歩き始める段階になります。

しかしここからが大変で、客観的にものが見られるようになったはいいのですが、常に小学校からの「戻って来いよ」コールがつきまといますから、それを振り切って高校生レベルまでいくには、エゴの断捨離といいますか、よくよく自らを見つめるということをしませんと、すぐに小学校の生ぬるい環境にUターンしてしまうことになります。

高校生レベルでは1、2年生段階ではまだまだですが、それでも徐々にこだわりの範疇からは抜け出られるようになって来ています。

3年生になりますと既存の価値観といいますか世間の常識などから独立する、逸脱するということを次第に考え始めます。

これは第2次反抗期のようなもので、精神世界における第2次反抗期に当たります。

大学に入学しますとそこから初めて独立した自分の道の開拓といいますか、本当の探索、探求が始まります。

大学までは必死の努力があれば通常の人なら何とかなるのですが、大学院もしくは博士課程はちょっと難しい話になります。
（ここから先はこれまでの人類史上ではほぼ情報がないのですが、宇宙全史では一応カバーする予定があります）

１つ押さえておきたいところは、幼稚園であろうと中学であろうと大学であろうと、どの段階でも「覚醒」という事象は存在しています。
ただ通常は低い段階での覚醒は何もいいことがないので、守護霊が余程のバカでない限り決行しないものです（守護霊がバカでも指導霊やもっと上位の存在が止めます）。

例えばどの段階でも覚醒してまともな人生を歩もうと思ったら、精神世界も何も関係なく、普通の社会でまともにお金を稼ぎ、のし上がってひとかどの社長になるくらいの力を持っていないと覚醒を御しきれないのです（別に社長になる必要はないのですが）。
それなのに社会が嫌で人づきあいが嫌で精神世界に逃げ込んだ人が覚醒してしまいますと、待ち受けているのはダークな存在たちですからひとたまりもないことになってしまいます。

人類の大多数である幼稚園児からの卒業が精神世界への渇望ということですが、そこに至って最も危険な事は、

●未知を偏愛する病的で無知な観客の1人に堕すこと
（これはカスタネダが伝えるドン・ファンの言葉です）

つまりUFOや神霊（偶像）や霊現象、超能力といったものを過度に信じ、崇拝し、人間社会の価値観をそのまま精神世界に持ち込んですり替えていく姿をいいます。

精神世界の道のりは遠く険しいものですが、ご存じのようにどんなに遠くてもその道のりは一歩から始まることは全てに通じるセオリーなのです

あせらずくさらず

たゆまぬ一歩を踏み出す

その姿を

五井先生が

見逃すことは決してないのです

つねにある幸せ

青

少し精神世界の毒に当たった感じもありますのでここでは主婦目線における日常性の見える質疑応答になります

虚空蔵さま、みわさま、ご指導ありがとうございます。

周りの目を気にして行動するのではなく、本心に恥じない行動をします。

「気づく」覚悟をします。

空っぽだった心に、息吹きを込めて。

固くなっていた心と体をほぐして、体を身軽にし、家族やみなのためにうごきたいです。

守護霊さま、マイマスの言動ばかりだった私を導いてくださり、ありがとうございます。

祈ります。

2012年12月29日

虚空蔵さま、みわさま、いつもありがとうございます。

お正月に、食べ過ぎで肝臓がはたらかなくなり、動けなくなりましたが、自然療法にある、食事とお手当てで、数日で動けるようになりました。

びわの葉やこんにゃくをつかい、手当てをしていると、腹の底から力がみなぎるのがわかり、生きていることへの感謝の気持ちにふれることができた気がしました。

体を動かすことができる、有り難さ。

心の明るさとは、こういう気持ちなのかな。腹の底からの暖かい気持ちです。

お料理する楽しさ、家族の声を聞く歓び。

滞ることがあれば、深く思いをめぐらして、これからは益々頑張っていこうと思います。

守護霊さま、ありがとうございます。

五井先生のお祈りを続けます。

虚空蔵さま、みわさま、ありがとうございます。

2013年1月13日

虚空蔵さま、みわさま、お疲れ様です。いつもありがとうございます。

体を動かすことが大事だと思い、動いていると、気付きがあり、学ぶことができる今に、生きていることに、感謝の思いでいっぱいです。

体を動かすと、気持ちのよいエネルギーをたくさん感じ、楽しいアイデアが浮かびます。

それを忘れず、（親戚の集まりのときに、おはぎや煮物を作って持っていく）実行にうつし、さらに楽しいアイデアを思いつけたら…と思います。

ありがとうございます。

2013年2月23日

虚空蔵さま、みわさまお疲れ様です。いつもありがとうございます。

全史1にある、地球と交わした約束、「幸せになります」

その約束に思いをめぐらし、過ごしたいと思います。

「私がやる」という、傲慢な気持ちを手放し、肩の力を抜き、リラックスして手足を動かし、生活しようと思います。

ありがとうございます。

2013年1月30日

虚空蔵さま、みわさま、お疲れ様です。ありがとうございます。

天然酵母をおこせるようになり、酵母をつかって、パンやお菓子がつくれるようになりました。かめに手作りの味噌を仕込み終わりました。出来上がりが本当に楽しみです。

これからは父の畑を手伝い、しっかり勉強します。

学生の時に卓球をやっていましたが、中途半端な終わりかたで、ずっと心残りになっていました。

今日、近所の卓球クラブに申し込みに行きました。どうして、今まで自分がやりたいことを禁止して、自分を苦しめてきたのかわからないけれど、今日はすんなり、申し込みに行けました。

守護霊さまと一体になれた感じがしました。

昨日、月がたくさんある夢を見ましたが、応援してもらっているイメージでした。

私も月も木も空気も守護霊さまも机もみんな同じものでできている、そんな感触がします。

私ができること、頑張ります。

ありがとうございます。

2013年2月5日

虚空蔵さま、みわさまお疲れ様です。ありがとうございます。

また食べ過ぎが続き、今度は胆のうあたりが痛みだしました。体に負担をかけ、申し訳ない気持ちでいっぱいです。

昨日、車のギアのバックとドライブを間違え、事故になりそうだったことも深く反省しました。

自分が正しいと意見を押しつけてしまうところ、傲慢な気持ちも、食べ過ぎや事故に繋がっていて、まるい私になりたいと思いました。

周りでいろんなことがあっても、自分に目をむけること。

私たちの天命が全うできますように。

祈ります。

2013年2月18日

①
幸せになる選択をし続ける、幸せになるものを作り続ける、なんて素晴らしいことだろうと思いました。

自然農法を学んで、自分を見つめていきたいと思います。

ありがとうございます。

２０１３年２月19日

②

虚空蔵さま、みわさまお疲れ様です。ありがとうございます。

核実験、シェール開発で地球を深く傷つけていること、残忍な殺人、拷問、強姦の繰り返しで生きてきたこと、私たちの業の深さに胸をしめつけられます。

肉体を持って、ここで学ぶことを許してくださった守護霊さま、ありがとうございます。

畑の土地を借りることができ、また新しいことを始めることができました。

守護霊さまに何度も何度も救っていただき、生かしていただき、ありがとうございます。

全力で精一杯生きます。

２０１３年２月28日

③

虚空蔵さま、みわさま、お疲れ様です。ありがとうございます。

夢の中でスノーボールのように、金粉が舞い降り舞い上がる映像を時々みます。

謙虚に心静かな祈りができるように…、とのメッセージかな…と感じました。

亡くなった父は酒乱のアルコール依存症で、父に我慢ばかりしてきた母。父が亡くなるとすぐに私の弟夫婦と同居し、強い嫁に我慢している母。我慢しているという傲慢さ。

同じものを見ないと気づくことができない私の課題で、しっかり見つめます。

ありがとうございます。

２０１３年３月９日

回答1

がんばって下さい

虚空蔵さま、みわさま、ご指導ありがとうございます。

心して一生懸命祈ります。

私が6年前に出会った治療家の先生は、出会った時から自分は地球よりももっともっと環境の悪い場所で、アセンションできない魂を上にあげる任務があるんだ、と言っていました。

体を健康に保つ方法、心のあり方を教えてもらっています。

私は責任転嫁して、被害者になる生き方をやめたいです。

お祈りをしていると、自然だけではなく、あらゆるものが、自分の一部として溶け込んでくる感覚になりますが、自分が全部溶け込んでいけたらいいなと思います。

その方向でいいのでしょうか、間違っていますか？

ご指導よろしくお願いします。

２０１３年５月19日

回答2

●「お祈りをしていると、自然だけではなく、あらゆるものが、自分の一部として溶け込んでくる感覚になりますが、自分が全部溶け込んでいけたらいいなと思います。

その方向でいいのでしょうか、間違っていますか？」

その方向でいいですよ。

本当はもっとお祈りをしておられると、それがいいのか間違っているのか自ずとわかるようになってきます。

そうなりますように

①

虚空蔵さま、みわさま、ご指導ありがとうございます。

今やっていることを心を込めて続けること、身近な人とたくさんコミュニケーションをとり感謝すること、そう指導してくださる守護霊さま、ありがとうございます。（昨夜、強烈な胸奥の痛みがあり、死にたくない、家族に傲慢な態度で接しているから、死ぬ前に心から感謝したいと思いました。）

五井先生を知ったのは宇宙全史を読んでからですが、小さなころから世界平和の祈りの看板に目がくぎ付けでした。

五井先生に繋がれること、繋がっていることがうれしいです。

今この時に肉体をまとい、地上に生きている責任を感じます。消えてゆく姿を信じて祈ります。

2013年5月25日

②

みわさま、虚空蔵さま苦しい状況が続いている中、ご指導ありがとうございます。

未熟な私で申し訳ありません。

身近な人としっかり話をしていくことが、私の大きな課題です。

MAITYさんのお話ですが、私も衝突を恐れて逃げてきました。

そして、困難なことがあると辞めることで解決してきました。看護学校、人間関係、仕事です。

今回は離婚に逃げようとしています。

でも、逃げてはいけないという思いが強くあります。

本当は嫌だなと思うことでも、夫に意見を言えずにきました。

夫が悪いと、被害者ずらをして逃げてきました。

責任転嫁できないのは、心が苦しくてしょうがないです。

私の正念場だと思います。

お祈りの中に全部入れて、心を込めて祈ります。

ありがとうございます。

2013年5月29日

回答3

がんばってください

追補：人は目の前の嫌なこと、困難から何とか逃げようとします。もちろんそれでいいのですが、その「いやなこと」が度々出てくるならそれは「クリアしなければならないハードル」なのです。

それはたとえ今生で逃げおおせたとしても、来世で再び会うことになり、逃げている限り何度でもその邂逅は消えません。エネルギーがない時やむを得ず逃げたとしても、満を持して次のチャンスにはクリアできるように頑張りましょう。

それが二度と嫌なことに出会わない最善のメソッドなのです。

①

心が苦しい時に祈りがあり、助けていただきました。

ありがとうございます。

デセンションを繰り返し、気付かないままできたのですね。

アセンションをめざします。

この機会を与えていただき、ありがとうございます。

私の場合は、「継続は力なり」です。

そこに大きな学びがあるのですね。

工夫してがんばります。

祈らせていただき、ありがとうございます。

2013年6月2日

②

みわさまの具合はどうでしょうか。

虚空蔵さま、ご指導ありがとうございます。

私はのたうちまわっても、なにもできず、エゴだということが少しずつわかってきました。

守護霊さま、守護神さまにおすがりして消えてゆく姿を信じて祈り、エゴの私は祈り心で一生懸命自分の仕事を全うする。

手足を動かし、天命を全うできるようにしていきたいです。

ありがとうございます。

2013年6月3日

③

天命が完うされますように。

誤字失礼いたしました。

2013年6月3日

虚空蔵さま、みわさまワークありがとうございます。

竜馬のお母さんや植村氏の奥さんの生き方は統一の場に繋がっていて、それが天命を完うするということなのでしょうか。

何があっても、祈りの中に入れていただき、包んでいただきありがとうございます。

柔らかいお祈りから世界平和のお祈りへ昇華できるよう、祈ります。

2013年7月25日

回答4

厳密にいいますと「生き方」ではなく「母性」が統一の場につながっているということです。

（追補・現代の女性に限りませんが、多くの女性に欠けている神性は「母性」です。「子をはぐくみ育てる」というカテゴリーにとどまらない、すべての人に対する「はぐくみ育てる」という母性は、それそのものが（女）神の顕現といえるのです）

虚空蔵さま、みわさまご指導ありがとうございます。

1ヶ月の間に人間関係でいろいろなことがありました。

エゴの私がまわりの人をどれだけ傷つけてきたかを知ることができました。

偉くみせようと、いろいろな側面を持つエゴを合体させて振る舞ってきたのが、今までの私だったと気づきました。

そのエゴを崩壊させないために、どれだけ神経をすり減らし、防衛と言い訳し、攻撃で身近な人を傷つけてきたかを知りました。

自分を偉くみせようとしなくていい、誤解されてもいいんだと気づくと、丸裸になった感覚がしました。

丸裸な心が残った感覚です。

地球にいる、世界人類は同志なんだと、胸があつくなり、繋がっていることがわかりました。

大事な気づきがこの道の先にある気がします。

祈らせていただき、ありがとうございます。

2013年6年29日

虚空蔵さま、みわさま
だいさまへのご回答ありがとうございます。
お祈りしながら何度も読み返しました。
私事ですが、20年くらい首からの頭痛に悩んでいました。

以前タイタンさんへの回答のなかで偏頭痛は深い思い込みからきている、とあったので、そのことに思いをめぐらせながら過ごしてきました。

最近、私の怒りが原因なのでは…と思い、でも、それはなおせない、それでストレス解消をしてきたので、なおしたくないとも思いました。

昨日、治療家の先生のところにいったとき、ちょうど首をさわってもらっているときに不平をもらすと、首に力が入り、固くなったそうです。

私は体が大事なので、その瞬間から怒ったり、不平をもらすのをやめようと決意しました。

やわらかく、やわらかく過ごそうと思いました。

私には怒るという行為をやめることはできない、と思っていましたが、思い込みをはずせばできることを知りました。

その直後から、首も体も心もやわらかく過ごせています。

大発見で、うれしくて虚空蔵さまに報告させてもらいました。

ありがとうございます。

2013年7年5日

最近、夫の暴言がひどく、落ち込みます。

でも、それは私の我が強いのが原因なんですね…。

夫に言われたことを「細かいなぁ、面倒だなぁ」というのが夫に伝わるのですね。

笑顔でいなさいね…、たくさん話をしなさいねという思いがいつもあります。

自分の立場で出来ることをやり遂げていく
お祈りと共に過ごしていきたいです。
2013年8年13日

虚空蔵さま、みわさま
何があっても、それを上回る明るさ、吹き飛ばす明るさ
何があっても、大丈夫なんですね。
頑張ります。
2013年8年14日

①
虚空蔵さま、みわさまご指導ありがとうございます。

主張しないことがエゴになる
自分の思いをふてくされずに相手に伝え、話し合うことが私の課題でした。

相手を怒らせまいと遠回しに伝え、反対されると、かぁーと熱くなり怒ることの繰り返しでした。

今回、習い事で大きな大会に出らることになりましたが、2泊3日で子ども連れて行くので（夫が仕事）、夫と夫の母に反対されました。

お金がかかる、子ども連れは危険との意見でした。

どうしても出たいと思っていましたが、何日も反対され、そこまで言われてまで…と出なくてもいいか、と思ってきました。

予選に出る段階で、本選出場の覚悟をせず、何も考えずに出た結果です。

そんなものに出てどうするのか、子どもの学校を休ませてまで行くのか夫の問いに何も答えられませんでした。

今の家に引っ越す時も、結局夫の言うがままで、私の気持ちをうまく伝えることができず、心残りになってしまいました。

覚悟を持ってことにあたる
どんな小さな日常のことも丁寧に覚悟を持ってやる
覚悟を持ってことにあたることの本質がわかりません。

段階が低くて申し訳ありません。

守護霊さまはどうお考えでしょうか。

固い頭と体がほぐれますように、祈ります。

2013年10月7日

②
繰り返し繰り返し、謙虚でありなさい、傲慢なところをみつめなさいといろいろな出来事でご指導があったのにも関わらず、かわれなかったので、夫に失望され、

「もう、無理だから出て行ってくれ」

と言われました。

自分が情けないですが、逃げ出さず、最後のチャンスだと思って今度こそ、頑張ります。

2つに1つ。

逃げ出すか、夫と夫の両親に感謝して生きる道を選ぶか。

丹田に意識を向け、覚悟をきめます。

ありがとうございます。

2013年10月23日

回答5

これも①のメールが来た時に収録していたのですが、中々返信できませんでした。

厳しい内容になっています。

月読之大神
「力が入りすぎだね…この人」
「自分にも相手にも求め過ぎ」

無理はあまりしないで、出来ることを出来る範囲でやりましょうというところでしょうか。

「自己主張しないと、自分の居場所というか存在価値がないと思ってしまう…そういう硬さだね」

「今、子供たちがいて、夫がいて、ご飯食べられて、仕事も出来て…大会に…習い事で出来るんでしょ？」

「それね、感謝するってことが…まずじゃない」

反対されたら「それでは行きません」とした方がよかったのでしょうか？

「反対されたっていうその前に、自分の…こう…思いに至らないと」

「行き当たりばったりはダメなのよ」

「日頃から夫とか家族に尽くしていれば、そういう時は、じゃあせっかくママが出れたんだから行っておいで、って送り出してくれるのよ」

「それを怠っているから、ダメって言われるに決まっているじゃないの」

でも嫌な人もいるじゃないですか…意地悪な舅（しゅうと）とか自分勝手な旦那とか…それとは違うんでしょうか？

「違うね」

これ書いちゃうと、この方逃げ場がなくなってしまいますよね…

「もうそういう場合じゃないけどね…あなた（青さんのことです）自身自分の行いわかってんでしょ…ってことよ」

「自分のことがうまく伝えることが出来ずに…でも自分のことがうまく伝えられないというのは、あなたも旦那さんの気持ちがよくわかっていないからよ」

まあ、そうですね…

「だから…まずお祈りをして、自分の幸せよりも相手の幸せを考えられるように…」

「ちょっと大人になると良いね」

…辛口ですね…でもそれでもご指導くださるということは、有難いと思います…まったく何の音沙汰もない方もおられるのですから…

がんばって下さい

追補

この辺り月読之大神がため口で出てきておられますが、通常そういうことはあり得ないのです。何年も辛苦の修業を重ね、五穀を断ち、世を捨てた清廉な巫女（もしくは神官）だけがその御言葉を賜ることが出来るのですが、一般人が宇宙神の言葉を（ほぼ）ダイレクトに受けることが出来るということが如何に異常なことかを知っておいていただきたいのです。

これは事実をわざと大仰にしようという意図ではなく、1つはそういう異常なことがここ宇宙全史のワークでは起きているということ、もう1つはため口で答えられても決して礼節を忘れずに対応すべきということがあります。

青さんはそういうことはないのですが、中には勘違いしてくる方もおられるのでご注意下さいということです。学びの姿勢における重要ファクターとして謙虚さと礼節というのは基本中の基本になるのです。

虚空蔵さま、みわさまありがとうございます。

月読之大神さま、守護霊さまご指導ありがとうございます。

自分自分で威張ってきたことにも気づかず、「大会に出たい」と駄々をこねていた私を本当に恥ずかしく思います。

「私はこんなに頑張っているのに」と主張して、夫の気持ちにふれようともしていなかったのですね。申し訳ありません。
自分の幸せよりも相手の幸せを
自分を押し付けるのではなく、相手のことを考えるのですね。

夫や子どもに思いをめぐらせて、添う。

家族が気持ちよく過ごせることが私の喜びとなるように、自分自分のエゴが薄くやわらかく溶けていくようにお祈りします。

相手の幸せをなのですね。

相手のことを考える、本当に自分の不幸せのことにしか、目がいっていませんでした。

夫が仕事に励んでくれ、今の暖かい生活があること、食べていけること、習い事までさせてもらえていること、気づけない私が未熟すぎました。

ご指導ありがとうございます。

五井先生ありがとうございます。

心をいれかえて頑張ります。

2013年10月25日

①
虚空蔵さま、みわさまご指導ありがとうございます。

目が覚めました。

一筋の光が差し込んできた感じがします。

また雲に覆われてしまわないよう、実行にうつします。

「自分にも相手にも求めすぎ」

と月読之大神さまからお言葉がありました。

いじけ根性で、自分を粗末に扱ってきたと思います。

家族も私自身も大切に思い、過ごします。

私自身を甘やかして大切にではなく、きびきびと手足を動かして喜んで働いて、そのことが私自身を大切にすることにつながると思いました。

守護霊さまからのお言葉も、実行にうつします。

ありがとうございます。

2013年10月27日

虚空蔵さま、みわさま

先日は、お忙しい中ご指導ありがとうございました。

自分自分で生きてきたことを反省し、心を入れかえることを再確認する日々です。

その後、夫との関係は良好です。

そして、改めて夫の寛容さ、暖かさに包まれていたことに気づき、夫に感謝し過ごしています。

守護霊さまを身近に感じ、エネルギーが体を流れていてくれ、それが暖かく、至福を感じます。

喉のチャクラや胸のチャクラが特に暖かく、やわらかで、そこで手を合わせるイメージで祈らせていただいています。

ありがとうございます。

食事量が多いので、適量にし、動きます。

2013年12月29日

虚空蔵さま、みわさまご指導ありがとうございます。

左のNo.257ですが、少年さんと大原女さんとありますが、大原女さんではなく、「うめ」という感じの名前の方ではありませんか?

名前が思いだせないのですが、何年か前、このBBSに掲載され、本を出版したいと言っていた方です。

間違っていたら、ごめんなさい。

2014年2月13日

回答6

大原女さんに関しますことは、大原女さんの問題です。

その「うめ」さんとやらとは違います。


私たちが深層に抱えるカルマはみな様膨大なものになります。

それが個人ですべて解決できるかといいますと、見透してみても到底無理なように思えてしまいます。


もし本当に大原女さんが自らの望みをひるがえさずに望み続けるのなら、それに耐えうる存在になって、自己の過去世と対面できるまでのエネルギーを得ることが可能になる局面に入っていくのです。

しかしながらそうはいっても、ただ成り行きで自然にそうなっていくという事ではなく、その「望み続ける」ことと、日々の祈りを欠かさないという事の自助努力は必要になっています。


虚空蔵さま、先日は申し訳ありませんでした。

大原女さん、申し訳ありませんでした。

御回答ありがとうございました。

日常生活の中で、これは彼の問題だった、それは彼女の問題だったと気づきがありました。

まだまだですが、頑張ります。


その後、内に内に向かいなさいと守護霊さまに言われた気がして、自分に問いかけていました。

お祈りを、自分の中にいてくださる、守護霊さまにしていると、守護霊さまの中に私がいるような、私の中に守護霊さまがいるような、感覚につつまれました。

そして、私の中にすべてがあって、すべての宇宙のなかに私がある気がしました。

すると、すべてのものが私と同等な感覚になり、そうしているうちに、どんどん小さくなり点になり、ぱっとはじけて小さな小さな粒になって散らばり、空間に溶け込みました。

満ちている、という感覚でした。

「存在」がプラス1だとすると、「非存在」はマイナス1でしょうか。

0は無なのでしょうか。

0が無だとすると、＋1も－1も「在る」ということでしょうか。

プラス1は現象界でマイナス1は陰胎の世界なのでしょうか。

宇宙全史を読みかえし、勉強します。

そう考えているうちに、最初の私の中に守護霊さまがいるというところで、私とはエゴだったと思い、エゴの中に守護霊さまがいる、と当てはめ直していると、その私とはエゴではなく、本体の私なのか、と混乱してきたので、また内に内にお祈りをしながら問うていきます。

ありがとうございます。

2014年2月21日

回答7

プラス1とマイナス1はどちらも「存在」です。

０を無とするのはいいのですが０も言葉に過ぎません。ですからとりあえず無を０としてみますが、０は体験するしかない無ということになります。

また陰始はマイナス１ともいえますが、プラス１の中にも陰始は存在します。

その複雑さは宇宙全史の学びの中で探求していってください。


虚空蔵さま、みわさま宇宙全史別巻の執筆、発行ありがとうございます。

この本を読み、私は自分の子どもたちからエネルギーをとっていた、そして自分のエネルギーを簡単に他のものに明け渡していたことに気づきました。

陰始が地球原人のエネルギーを奪い取るやり方は、子どもを締め付ける、世の多くの母親そのものだと思いました。

そして、左で展開していた、地球界における覚醒、解脱、卒業の在り様でのお話と、宇宙全史質疑応答３での黒魔術のお話につながり、エホバと陰始の関係をもっと詳しく知りたいと思いました。

子どもたちの本来の生き方ができるよう見守り、応援し、私自身もダメな子なんだから、と潜在意識に刷り込まれている部分をお祈りにとかし、枠から出られるよう、一層祈ります。

ありがとうございます。

２０１４年６月26日

回答８

とてもいい気づきです

大原女様
おめでとうございます。
とても嬉しく思います。
言葉になりませんが、胸に込み上げてきました。
ありがとうございます。

虚空蔵様、みわ様

まず、相手の気持ちを考える、
私に大きく欠けていたものだと気づきました。
これからもご指導よろしくお願いします。

2014年9月21日

虚空蔵さま みわさま 神霊の方々

明けましておめでとうございます。

本年もよろしくお願いします。

私は体が重くだるいのが常でしたが、年末頃から急に軽く感じるようになりました。

乳腺が張り痛いのですが、それが嫌な感じではなく暖かく感じ、お祈りしています。

みんなの暖かい気持ちを受けとっていいんだと気付き、今までは拒否していたことにすら気づかず、過ごしていたんだと思いました。

みんな暖かくて私は愛されている、暖かい気持ちがふくらんでふりまいているのが嬉しいです。

守護霊さま守護神さま五井先生ありがとうございます。

2015年1月5日

虚空蔵さま みわさま
お世話になっております。

ご指導ありがとうございます。

小6年生の長男のことをご報告させてください。

長男が4月からサッカーのグラブチームに入団することになっていましたが、地元でサッカーがしたいと言い、そのように舵をきることにしました。

その話をした夜は、正直戸惑い、腹がたち、何で?と寝付けませんでしたが、お祈りしよう、守護霊さまにお任せしよう、長男の守護霊さまにお任せしよう、五井先生にお任せしよう、とお祈りしました。

朝になり、地元のサッカーチームでプレイすることがすごくいい選択に思え、よかった、そうだね、おめでとう！と家族で喜びました。

今まで私たち両親がしめつけて、たくさん練習をさせてきてしまいました。

1年前に地元のサッカーチームから移籍させ、更に頑張らせてしまいました。

長男は地元のサッカーチームで仲の良い仲間と楽しくサッカーしたいと言っています。

本当に申し訳ないことをしてきました。

申し訳なく、子どもの足を引っ張るなんて最低な親だと情けない気持ちです。

これからに活かし、同じ過ちをおこさないようお祈りし行動します。

普段は一人で寝ている長男ですが、昨日は私と2人で寝ました。

サッカーのプロを目指せ、とプレッシャーをかけてきましたが、布団の中で長男が「サッカーのプロ選手じゃなく、世界を旅するのが夢」だと話してくれました。

そんな素敵な夢があったことに胸が熱くなり、いいね、いいね、と盛り上がり寝ました。


自由であれ、自由であれと守護霊さまからお言葉をいただいた気がします。


だい様の施術がうけられることになりました。

よろしくお願いいたします。

2015年2月17日

回答9

月読之大神です

「「自分が」っていう視点から長男の幸せを考えられるように手放せたんだね」

それにしては随分早いといいますか…てき面ですね、通常こうはいかないでしょう。

「変わったからね」

「境目が変わったから」

いってしまうとダイレクトに効くようになるという事でしょうか。

「出てくるのは速くなる」

あなたの守護霊様からです

「それで自分が自由になって良かったね」

虚空蔵55

虚空蔵さま みわさま

No.２８１のメッセージ拝読いたしました。

ありがとうございます。


先日守護霊さまより「自分が自由になってよかったね」とお言葉をいただきました。

実際に肩の力が抜けたのを実感しております。

守護霊さま、月読之大神さまありがとうございます。


だいさまの施術を受けることができました。

４年前に食道癌で亡くなった父親のことばかり頭に浮かび、話を聞いていただきました。

酒乱の祖父に育てられた父親も酒乱で、私たち家族は恐いので父親から逃げ、父親を家の中でひとりぼっちにしてしまったことを亡くなった後で気づき、後悔していました。

祖父も父もとても寂しく孤独で恐怖に怯える幼少期を過ごし、その後も死ぬまで寂しい思いをさせてしまい、もっと寄り添ってあげたかったと思っていました。

だいさまより、お父さんとの関係で自分を責めないでほしい、お父さんもつらいからとお言葉をいただき、そして、お父さんとの関係で生じた後悔を今の家族で持ち越さないように、と言ってもらった時、そうかそうかといろいろ繋がり深く納得しました。

父から学ぶことがたくさんありました。

だいさまの施術から10日たちますが、今も父との関係の中で新な気づきの毎日です。

「笑顔」とのキーワードをいただき実践していると、私の天命は「笑顔で私自身と家族を暖かく照らし幸せになること」かなと思いました。

家族の笑顔をみることがこんなに幸せなことだったんだと気づきました。

今までの私は自分が自分が、が強すぎたことを実感しています。

家族もそうですが、身近な人ともにこっ、という一呼吸おくことで場の雰囲気がかわることを学びました。


もう1点、長男のことです。

おかげさまで長男は水を得た魚のようにとてもいきいきと過ごしております。

ありがとうございます。

1年前移籍をするときに地元チームの父兄のみなさんに丁寧な対応をせず、逃げてきて、また戻りますとなったので一部の父兄の方が怒っていました。

子どものころから嫌なことからは逃げてきましたが、だいさまの施術をうけ、今回のことは逃げずに誠実に対応しよう、と決めました。

昨日のサッカー迎え時に一番苦手だったお母さんと話せました。当たり障りなく、ではなく腹の中からしっかり話せました。

これからもお祈りを通して過ごしてまいります。

守護霊さま守護神さま、お父さん
宇宙全史、五井先生、だいさま、みちよさまにつないでいただきありがとうございます。
2015年3月4日

虚空蔵さま みわさまワークお疲れ様です。

BBSの更新ありがとうございます。

拝読いたしました。

自分の思いがどこにあるのか、どうしたいのかという問いがお腹から湧き出ており、やっとここまでたどり着いた、エゴに使い果てていたエネルギーをほんの少し貯められるようになったと自覚しています。

守護霊さま守護神さま五井先生にお任せし、今日のこの貴重な1日も笑顔で過ごします。

ありがとうございます。

2015年4月9日

回答10

まさしく今始まったばかりです。

これからが正念場です
がんばって下さい

虚空蔵さま みわさま
ワークありがとうございます。

非公開情報8の執筆ありがとうございます。

みちよさんの文章を読みとても嬉しく、また勇気をいただきました。

だいさんの施術を受けさせていただだ時、左肩近くの腕の施術中、体の力がふっと抜けるのを感じ、それから体も気持ちも楽になっていきました。

3月に入り、次男10歳の吃りがなくなったことに気づきました。

勉強が苦手ですが、国語のテストの点がみるみる上がってきて、次男もすごく嬉しそうです。

次男には私のエゴを一番強くぶつけて子育てをしてしまい、反省の毎日でお祈りさせていただいています。

長男はサッカーが楽しいようで、毎日練習に励んでいます。

監督からみんなにテクニックを教えてやってほしい、と頼まれたと照れながらはにかんで教えてくれました。

お腹すいた！ご飯何？と玄関になだれ込んで帰ってくる姿をみるとき本当に幸せです。
私は今年に入り始めた接客の仕事が楽しくて楽しくて毎日幸せです。
接客の仕事をしている時はエゴが薄くなっていると思うので、その状態を保てることが課題で、お祈りしています。

また、体の外側に重心がかかっていることに気づき、中心に修正できればと思います。
以前ｈａｍｉさんの文章読み、はっと気づいたことがありました。

私は子どもの応援をしていると思っていたけど、まだ足を引っ張っていた、忘れ物をしていないかな、お友達と仲良くしているかなと、子どもの心配を頭の中でしていたことに気づき、はっとし、それもお祈りさせていただいています。

どっぺんさんの文章の患者さんのところを読み、あ、私もそうだと思いました。
何か小さいちょっとしたことがあると、一気に過去全部の嫌な感情がばっと押し寄せてくる感覚があります。

今生だけではなく、前世の感情もまとめて一気にその一点に集約されて押し寄せてくるのではないか、ということは、今のこのお祈りも今生だけではなく、広く広く浸透するのではないかと思い、一心にお祈りしています。

嬉しいことばかりで浮わついているのではないか、と何度も書き込みを躊躇していました。
これからも謙虚にひとつひとつ丁寧に過ごします。

ありがとうございます。

2015年6年14日

いつもありがとうございます。

長男が7月にオスグット病になり、膝が曲げられず、サッカーもお休みしていました。

何件か病院や接骨院をまわり、2週間前に行った整体で内面を見つめましょう、と助言をいただき、長男、私、夫も自分を見つめる機会をもらいました。

どんな出来事も受けとり方だと、教わりました。

長男は最初は戸惑っていました。

何を言われても我慢しないといけないの？

怒っちゃいけないの？と。

私は何でもお父さんやお母さんに気軽に話してね、ということと、五井先生の話をしました。

何を言われても自分がどう思っても、それは消えていく姿で、自分を守ってくださっている方がいるから、何があっても大丈夫だよと伝えました。

3日前に長男が頭の上がむずむずする、虫がいるみたい！と学校から帰ってきました。

よかったね、見守られている証拠だよ、安心してねと伝えました。

膝は曲がるようになりました。

あと一息でサッカーができそうです。
私の自分磨き、がんばります。
2015年9年10月

天之御中主神主降臨

葵

虚空蔵55様、みわ様、月読之大神様、五井先生。


BBSへは初めて書き込みさせていただきます。

2年ほど前から宇宙全史のことを知り、拝見させて頂いておりました。

この御縁に感謝致します。


この宇宙全史で開示される情報は、まさに驚きの連続です。

と同時に、今、人として生きる私達に課せられているものの大きさに、身の引き締まる思いが致します。


この宇宙全史を通して、私は五井先生のお祈りに触れることができました。

お祈りの大切さを知り、お祈りさせていただくことによって少しずつではありますが、心の洗い清めとともに、五井先生の大いなる愛を感じさせていただいております。


精神世界と言われる書籍を読みその先人達の言葉を聞くなか、紆余曲折のうえ、五井先生の教えに辿り着くことができました。

こうして繋がり合えたことは、私にとって救いの一助です。私も過去、五井先生や仏陀のもとの学び手であったのでありましょうか。

現在、Ｅグループの権利を取得させていただいております。

Ｃグループの権利取得を希望致します。

宇宙全史の教えをより深く学び、覚醒に至る糧とさせていただきたいです。

世界人類が平和でありますように

日本が平和でありますように

私達の天命がまっとうされますように

守護霊様、守護神様、五井先生、ありがとうございます

２０１７年１月５日

虚空蔵55様、みわ様、月読之大神様、五井先生。

宇宙全史のワークに触れさせていただきありがとうございます。

前回（No.３２９３）、ＢＢＳへお祈りを書き込みさせていただき自身でもその内容を見させていただくこ

とで、自身のお祈りに対する思いが反芻され、改めてお祈りの深みを噛み締めております。

このBBSへ書き込みすることは、そのまま（あるいは何倍にもなって）自分へと返ってくる。そのような感覚を味わわせていただきました。

今回、ご質問をさせていただきます。

これまでスピを辿ってきた私にとって、宇宙全史質疑応答3（p.202―p.205）のなかでラムサについて語っていただいたことは、宇宙全史の世界とそれまでの一般の精神世界との相互理解が得られた画期的な内容でした。

①質疑応答3（p.205）のなかでラムサは、「彼の集合魂により「集合魂の成就」という目的で創られ」「つまり集合魂の最終段階の仕上げのようなもの」「そして彼はその役を見事はたしています」とありますが、具体的にはどのような役を果たしたのでしょうか。つまり、ラムサは集合魂の最終段階の仕上げとしてどのような目的を果たしたのでしょうか。

虚空蔵55様はBBS No.3041の中で「この地球最後の期に及んでは　すべての集合魂がアセンションを目指すため　インパクトのある濃い理解を欲しています」と回答されています。ラムサのアセンションにより、ラムサの集合魂自体がより高度な覚醒へと至った、集合魂自体がカルマを解消したということでしょうか。「集合魂の成就」というのはこのように理解してよいでしょうか。

②ラムサは「ただ一度の生で地上での使命を果たして質疑応答3（p.202）」いるということから、

地上で肉体を持って学び、アセンションすることをラムサの集合魂は意図していたのではないかと思いました。地上での体験を経ることで、アセンション後においてもこの地上へ関与するための布石を打った。この64回目の地球にコンタクトするため。そのような意図もあったのでしょうか。

③ラムサは、完全覚醒したと理解してよいでしょうか。この質問は、ラムサファンとしての期待でもあります。

久遠の生命を得て、今この地球次元に関与しているラムサも、非公開情報9のAさん同様、この時代・この世界に生きる存在の霊性向上にこそ、深遠なる宇宙の変革への望みを託しているのではないかと思いました。

可能な範囲でご回答いただけましたら幸いです。

世界人類が平和でありますように

2017年1年13日

回答1

「①質疑応答3（p．205）のなかでラムサは、「彼の集合魂により「集合魂の成就」という目的で創られ」「つまり集合魂の最終段階の仕上げのようなもの」「そして彼はその役を見事はたしています」とありますが、具体的にはどのような役を果たしたのでしょうか。つまり、ラムサは集合魂の最終段階の仕上げとしてどのような目的を果たしたのでしょうか。

虚空蔵55様はBBS No.3041の中で「この地球最後の期に及んでは　すべての集合魂がアセンションを目指すため　インパクトのある濃い理解を欲しています」と回答されています。ラムサのアセンションにより、ラムサの集合魂自体がより高度な覚醒へと至った、集合魂自体がカルマを解消したということでしょうか。「集合魂の成就」というのはこのように理解してよいでしょうか」

●あの時ラムサの集合魂は「惑星」のカルマを背負っていました

その惑星はいま私たちのこのオーム宇宙における「べガ」に通じる源流の惑星でした

惑星のカルマといいましたがもちろんその住人のカルマも含みます

もう少し具体的にいいますと

「戦い」

「闘争」

のカルマです

その惑星は「戦い」という命題をクリアするために様々な葛藤を繰り広げています

食う方と食われる方

略奪する方とされる方

その同じことの繰り返しですが、パターンは様々です

その1つの段階をラムサ（集合魂）は成就しています（一定レベルですが）

②ラムサは「ただ一度の生で地上での使命を果たして質疑応答3（p．202）」いるということから、地上で肉体を持って学び、アセンションすることをラムサの集合魂は意図していたのではないかと思いました。地上での体験を経ることで、アセンション後においてもこの地上へ関与するための布石を打った。この64回目の地球にコンタクトするため。そのような意図もあったのでしょうか

●それはあります

「③ラムサは、完全覚醒したと理解してよいでしょうか。この質問は、ラムサファンとしての期待でもあります」

●完全覚醒はしていません

虚空蔵55様、みわ様、月読之大神様、SO&SO様

非公開情報十一を拝読させていただきました。情報の精査、執筆と、早々の発送のお手続きをありがとうございました。

12月6日、縁あって京都太秦の蚕ノ社へ参拝しました。知らずに参拝したため私事ながら大変驚いたのですが、この神社の本殿は、「天之御中主神」を主祭神として祀っていると書かれておりました。

非公開情報十一でご紹介いただいた天之御中主大神のエネルギーは、こうした主祭神として祀られる神社を介しても流れていて、受け取ることができるものなのでしょうか。またそうであるとしたら、そうしたエネルギーに触れることで、救世主の覚醒による世界移動に乗ることもできるでしょうか。

私はこれまで月読之大神様のことは「月読尊」「月読命」「ツクヨミ」と呼称されるアマテラスやスサノオと兄弟関係の神様のことだと思っていました。しかし非公開情報十一の中で月読之大神様は「天之御中主

大神のペア」「天之御中主大神のパートナー」と思われているとの記載がありました。これは私が知らない過去の宇宙全史ＢＢＳ上や以前の非公開情報の内容で月読之大神様の素性について書かれたことがあったのでしょうか。それとも、月読之大神様はアマテラスの弟であり、天之御中主大神のパートナーなのでしょうか。

日本の神々については不勉強で疎く、このような表層的な質問にしかならず申し訳ありませんが、ご回答いただければ幸いです。

蚕ノ社への帰り道、松尾大社摂社とされる月読神社へも参拝しました。境内の一画に「願掛け陰陽石」という左右に2つ並んだ丸石があり、「左右の石を撫でてご祈願下さい」と書かれた立札がありました。さて何をお祈りしようかとふと思いを巡らしましたが、しゃがんで石を撫でながら、世界平和の祈りを読誦しました。なかなかこれ以外の願い事が今の私には浮かばないようです。

世界人類が平和でありますように。

日本が平和でありますように。

私たちの天命がまっとうされますように。

守護霊様、守護神様、五井先生、ありがとうございます。

２０１７年12年7月

少し長くなるかも知れませんので、後程左で回答します

回答2

２０１７年12月11日

No.３７７

これは右のNo.３５２２に対する回答になっています

ここではまだ書いていませんが以前日本の歴史を（天皇を中心に）調べたことがありました。

つまり神武天皇からずっと系譜をたどって、どういう日本史になっているのかを探ってみたことがあります。

まず神武天皇という人物は存在していないというのがありましたが、そもそも古事記や日本書紀に記されてある天皇の系譜やその成り立ちが出鱈目といいますか、自分たち（当時の中央政府）の都合のいいように組み立てられていました。

なので聖徳太子の手前あたりで調べているのが何だかバカバカしくなり、今はそこで頓挫したままになっ

ています。

それでも結構長い物語になっていますが、戦時中なら国賊として捕まってしまうほどのひどい内容の天皇家の物語となっています。


つまり現在皆さん方が敬い崇め奉っている天皇もそうですが、日本の神々も古事記や日本書紀が原点になっていますから、出鱈目といってしまえばそういうことになってしまいます。

しかし古事記にしろ日本書紀にしろ全く何もないところから書いているわけではなく、そこまでにあった伝承や伝説、ローカルな口伝などを収集して（支配者階級の都合のいいように）集大成したものですから、それなりの下地といいますか背景は存在していたといえます。


例えば天之御中主之大神はそれ以前から宇宙神としてありました。

天之御中主之大神が最初にこの日本に降ろされたのは弥生時代以前、さらに縄文よりも前のＢＣ：６０００年頃に確認されています。


場所は東北の北の方（青森まではいかないようです）の山岳地帯で、崖っぷちの洞にいる巫女により目撃されています。

日本という国は世界の中でも結構重用なポイントになる火山国なので、たまに偵察に宇宙神が降りてきます。

それでもそれ以前は確認できる人間がいなかったので、降りて来てはいたのですが目撃はされていません。

この時巫女はこの存在を初めて宇宙神（世界そのもの）と認識しています。

もちろんその頃日本はおろか世界中のどこであっても「宇宙（恒星があって星雲があってという）」という概念は存在しませんでしたが「天はこの世界を映すもの」という認識はあったのです（そこから占星術などが生まれています）。

当時の日本は縄文時代が始まる前ですが、すでにある程度の文字のようなものはありました。

よく猟師などが用いるこの枝や小石で方角や獲物の印を表す記号のようなものでしたが、一応文字らしきものはあったのです（もちろん複雑な文章を記すことは出来ませんでした）。

また土器とまではいかないまでも、もう少し原始的な木を彫ったような器や、石を削ったものもありました。

そこでこの巫女は天之御中主之大神を「天之御中主之大神」という言語化はしていませんが「森羅万象の神」と認識しています。

そしてそれを衆生には「大きな神」という非常に単純ですが「すべての神々の中で最も大きな神」と伝えています。

それが古事記あたりで大仰な名前の「天之御中主之大神」に定着しています。

なお月読之大神は天之御中主之大神が降りて来たときに大勢の神々を連れ立ってくるのですが、その中の1人として認識しています。

それ以降月読之大神の位置は大体そういう形になっていますが、実際は天之御中主之大神（宇宙）を超えた存在であることがここ（宇宙全史のワーク）では開示され始めています。

ですからあなたがこのような神々の形を知らなくても当たり前なのです。

アマテラスやスサノオに関しましてはまた長くなってしまいますのでいつかまた書くことにしますが、日本中の神社などで祭っている神々は実体としてそれなりにあるのですが、やはり「それなり」なのです。

「それなり」とは人々が拝む対象としてある限り、存在として形をとる有り様があるということです。

ややこしい言い方ですが「人が望むとそういう対象が生じてしまう」ということがあります。

天之御中主之大神が祭ってある神社だから天之御中主之大神がいるのかというとそういうことではないのです。

そもそも宇宙神がそんなところにいるわけがないのです。

先ほど縄文以前にある巫女のもとに降りて来たといいましたが、この巫女は普通の巫女ではなく、ある意味「狂っている」巫女だったのです。

「狂っている」というのは「一般の価値観とは異なる価値観を持つ」ということで、だから岩山の洞に住んでいるのです。

私（遊撃手ですが）流にいいますと、「塵芥にまみれ薄汚れた神社などに宇宙神が降りるわけがない」ということがあります。

普通の神々はいます。

でもそれはあなた方に通じる普通の神々、あなた方が造り上げた常識の範囲の神々なのです。

だからたまにはあなた方の徳に応じてご褒美もくれるでしょうし、頼み事もお賽銭の多寡に応じてきいてくれるかもしれません。

しかし本当の神々は「気狂い」のところにしか降りてこないのです。

（何度もいいますがこの場合の「気狂い」は精神病という意味ではなく、一般常識から外れた者という意味です）

しかしそれではあまりにも掴みどころがありませんから、宇宙全史では「あなたの良心に従って」というより所を教えています。

この「良心」に関しましては、非公開情報十一で少し詳しく書いておいたはずです。

宇宙全史は難しいワークですが、あなたが最後に書いておられたその志が、あなたをしてここに導いて来ています

世界人類が平和でありますように

虚空蔵55様

左No.377にてのご回答ありがとうございます。

古事記や日本書紀が都合の良いように改竄されているという情報（当時の権力者によって迫害に遭い異端扱いされたと言われているホツマツタエはより真実に近い神話だったとも）は聞いたことがありましたが、まさか神々の系譜さえも出鱈目であったのかと、驚きました。

宇宙神である天之御中主之大神と人類（巫女）との最初の邂逅シーン、感動的です。まさに、人類が神を見た瞬間。その巫女は天之御中主之大神をどのように目撃したのでしょうか。天之御中主之大神は姿形としての実体があったのかどうか。そしてこれから私達も救世主を通して天之御中主之大神のエネルギーに触れ、同様の邂逅を果たすことができるのだろうと、期待しています。

形骸化した神社には本当の神々は繋がっていない。神社の神々は、人々の思いに反映されて呼び寄せられている存在ということでしょうか。人の意志がエネルギーを動かしているという原理からすれば、その通りかもしれません。しかし本当の神々は人心を遥かに超えた段階に存在している、と。

「良心」に従って生きる。それが神々からのメッセージでもあり、私自身の望みを顕現させていくのだと今はそのように理解しています。エゴを薄くしていく1つの方法なのだなと思いました。感性を磨き、へその緒とされる神へと繋がる霊道を開いてまいります。

誰1人、ここには導かれて来ていない人はいない。私もその1人なのだと理解しました。今ある環境に至るまでも、自身にとっては多くのプロセスがありました。宇宙全史のワークに辿り着いたのも、真実を知りたいと望み、真実を生きたいと望んだ私の意志があったから。それが気狂いといわれても構いません。

ご教授いただきありがとうございます。

世界人類が平和でありますように。
2017年12月13日

回答3

少し追加情報がありますので（続きということで）左に書いておきます
2017年12月14日
No.378

これは右のNo.3523に対する回答です

確かに神社仏閣の現状はその多くは魑魅魍魎（ちみもうりょう）の住みかとなっています（今話題になっている富岡八幡宮を持ち出すまでもないことですが）。

しかし心身を清浄に保ち、古からの戒律を守り続けている処には神が降りる場があります。

例えば宇宙全史が月読之大神との縁を得るため、かつてみわが伊勢神宮に行ったことがあります。

伊勢神宮も全体が統一地場にあるわけではなく、ある一定の場所のみが月読之大神や他の神々とつながる場所があります。

またその場であってもしかるべき人間が祈らねば何の反応もないことは当然です。

蚕の社に天之御中主大神は常駐されてはいませんが、やはりしかるべき存在がそこで祈ると通路は開きます。

ただこの「しかるべき存在」というのが肝で、地上に宇宙の中心神である天之御中主大神と周波数が合うような存在がいるのかということがあります。


「その巫女は天之御中主之大神をどのように目撃したのでしょうか。天之御中主之大神は姿形としての実体があったのかどうか」

●これに答えるのは中々難しい仕事です。
しかしその巫女の目線だけお伝えするのは簡単で、正にあなた方がたまに見るＵＦＯを見るような感じで見ています。

もちろん絵的には昔の絵画にあるように天上から雲に乗り神々が光り輝いて降りて来るという図になっています。

この説明には、
①人間の感覚器官

②その感覚器官からの情報を認知するための構造

という2つのシステムが人間にはあります。

そしてこの構造の裏にはとても複雑な「人の心」の真実が隠されているのです。

それを今ここでは説明できないので（「エゴ」の本の中で詳しく解明されています）はしょりますが、その時その巫女の目には上記のような風景が見えていたということがいえます。

その時その場には巫女しかいませんでしたから、他の人間にどう見えたかは不明です。

ただ質問の「実体があったのか」という答えは「あった」ということがいえます。

そもそも「実体」とは何かという命題を飛ばしてお答えしていますから訳が分からないと思いますが、この命題も突き詰めるとややこしくなっていきますのでまたいつかということにしておきます。

この巫女の洞には天之御中主大神の降臨の前に不思議な生き物が出現していました

それは今のシカのような生き物で、峻険な岩山の崖の中腹をスイスイと登って行っています

ただそのシカは動物というより、植物のような波動を持つちょっと変わったとても大きなシカでした

それが何であるのか明確には特定できないのですが、天之御中主大神出現の禊として現れています

私が昔日本の中央山塊で修行じみたことをしていた時、やはり非常に大きな生き物（シカのようなカモシカのようなよく分からない生き物）と遭遇しています

それは私が山を下りる時でしたが、常に姿を見せず（それでもすぐ側にいて、藪や木立の向こう側からガサガサという音がずっとついて来ていました）、人間の歩く道に出る寸前に振り向くと、大きな体の正面をこちらに向けてじっと私を見ていました

しばらくお互い見つめ合っていましたが、すぐにそのシカのようなものは山に消えていきました

ただそれだけのことでしたが、いつまでもあの目は忘れられません

虚空蔵55様、みわ様

左No.378ご回答ありがとうございます。

空を飛び、光り輝く存在達の降臨。その目撃によって「宇宙神」「森羅万象の神」であると看破する巫女の能力も素晴らしいものがあります。さぞかし驚いたことでしょうね。

シカは夢占いにおいて、自分の穏やかで純真な側面の現れであると同時に、外敵に狙われやすく内面の守護が行き届かず犠牲になりやすい危険性としてシンボライズされています。神聖さの現れであると同時に、

その神聖さゆえにエネルギーを狙わんとする外圧からの守護力、結界の強化がメッセージとして言われている。もののけ姫に出てくるシシ神が連想されました。今このタイミングで現れたシカのメッセージ、大切にしたいと思います。

ここ宇宙全史のワークで学ぶ人達は、多種多様な宇宙人（ある意味宇宙人。以下、種族と表現します）の集まりであり、各人がその種族の代表として宇宙全史のワークに携わっているのではないかと思います。そのため、各人の意識的な気付きや覚醒の段階によって、縁のあるその種族全体の覚醒レベルが向上していくことになる。宇宙全史のワークを通してその一種族の覚醒だけではなく、多種多様な種族が刺激し合い、相互に関係し合い、互いの覚醒レベルを向上させていく。それが全宇宙（＝全種族）の総決算という意味にもつながり、非公開情報9のＡさんをしてこの宇宙全史のワーク（虚空蔵55様）が存在している世界を選択して世界移動の次元幅を調整した理由でもあるのかと思いました。稚拙な例えですが、連鎖的なシナプス結合のようです。月読之大神様は覚醒のスパークを望んでいる。

ここまでの考察は合っているでしょうか。というか、すでにお伝えいただいている内容の反芻でしかないのかもしれませんが…

なぜＡさんがこの世界を選択したのか。今になってそれが紐解けたような気がします。

左No.377
「宇宙全史は難しいワークですが、あなたが最後に書いておられたその志が、あなたをしてここに導いて来ています」

とお伝えいただき、魂のつながりや過去世のつながりなどではなく、おそらく今生における私自身の志によって、私はこの宇宙全史のワークへと導かれたのだと分かりました。もしそうであるのなら、私の覚醒レベルが向上することによって私が縁を持つ種族へも覚醒状態が反映されるということになります。私は種族から離れたのではなく、種族のさらなる意識上昇の糧として、種族の守護者としてこの宇宙全史のワークに携わっている。そのように理解できるようになります。ここ宇宙全史で学ぶ一人ひとりが自らの救世主であるとも言われるゆえんなのでしょうか。

今回はさらに別の質問をさせていただきます。

非公開情報十一p．8、救世主による世界移動に乗れた人から見た終末について。世界移動に乗れた人はどのような環境の変化があり、次元上昇するのでしょうか。非公開情報十一p．33の文面上では世界移動したことにも気づかないということでしたが、それはいわゆる世界の動乱、混沌といった環境の変化がなく、今ある日常の延長としてユートピアが築かれていくということでしょうか。それとも、世界の混沌は現象として現れつつも、そのなかで乗れなかった人とは別の並行世界へと移行していくということでしょうか。

p．17、救世主の覚醒が開き始める「ある時期」というのは、いわゆる終末の引き金になるといわれる地震のことでしょうか。しかし、地震が起こってからではサバイバルが確定してしまいます。地震以前の何かが関連していると思われるのですがいかがでしょうか。

左No.375にて
「各人の段階は上の許可が降りれば教えることは出来ます」
とありました。私の素性など詳細をお伝えしていない状況なのですが、私の今の段階について教えていただくことは可能でしょうか。左No.366で段階指数の詳細をいただいておりますが、個人としては中学2年生くらいかなと思っています。回答に必要な条件などあればお知らせください。また、次の段階に行くのに必要なことがあれば御教授いただきたいです。

以上、よろしくお願い致します。

2017年12月16日

回答4

「世界移動に乗れた人はどのような環境の変化があり、次元上昇するのでしょうか」

●これは他の方からも同じような質問が来ていますがここでもお答えしておきます。

次元上昇した方の環境の変化はその人によります。

つまりみんながみんな同じような次元幅で上昇するわけではなく、その人の境涯に従って上がっていきますから皆それぞれなのです。

ですから新しい世界の環境の皆それぞれということで、上昇はしたけれど（多少は減りますが）混乱は相変わらず存在する世界もあれば、まったくユートピア然とした世界に移行する方もいます。

なお世界移動に乗れない限り（今の地球上にいたままでは）決してユートピアに行くことは出来ません。人々は次元上昇しつつユートピアに移行していくのです。

ですから今回の終末は一気に決着をつける大アセンションではなく、部分的に継続するアセンション、もしくは滑らかなアセンションとでもいうのでしょうか。

堕ちていく方たちはその逆の滑らかなディセンションといってもいいのですが。

「救世主の覚醒が開き始める「ある時期」というのは、いわゆる終末の引き金になるといわれる地震のことでしょうか」

●太陽系全体の話しなのですが、人間たちに感じられる事象としては「太陽フレアの活動」というようなものでしょうか。もちろん黒点の変化もありますが、フレア現象が大きなきっかけとなっていきます。

それは太陽系全体（各惑星群）から来る「応援」という感じの波動によりもたらされます。

そしてそれが救世主と惑星たちのコンジャンクションを形成していきます

「私の今の段階について教えていただくことは可能でしょうか」

●まだ駄目のようです。

次の段階にいくのに必要な条件は、

「その段階を知ってもガクッとならない自我を育てること」

つまりエゴを薄くし、洗練させていくということです

注：世界移動に関しましては宇宙全史ではこれからもよく出てくる単語になります。これまでに出版された宇宙全史の書籍に詳細はありますのでそちらで学んでください。

虚空蔵55様、みわ様

右No.3532でのご回答ありがとうございます。

「救世主の覚醒が開き始める「ある時期」というのは、いわゆる終末の引き金になるといわれる地震のことでしょうか」

●太陽系全体の話しなのですが、人間たちに感じられる事象としては「太陽フレアの活動」というようなものでしょうか。もちろん黒点の変化もありますが、フレア現象が大きなきっかけとなっていきます。

それは太陽系全体（各惑星群）から来る「応援」という感じの波動によりもたらされます。

そしてそれが救世主と惑星たちのコンジャンクションを形成していきます

惑星たちとのコンジャンクション。救世主がなにゆえ救世主としての覚醒を果たすのかがおぼろげながら理解できました。

救世主の3人1組のユニットのうちの1人は地球原人であり、救世主は惑星とのパイプを果たす。地球と太陽系全体とを接続してエネルギーが収束され、世界移動を起こすまでの覚醒へと至る。

気になったのは、太陽フレアの活動による影響は人類全体にあるものであり、救世主だけではないだろうということです。その波動を感知できるほどの能力者なら、エネルギーが流れる自身の覚醒状態を過信して自らを救世主と勘違いする人もいるかもしれません。それが、「似非救世主」の出現につながるのですね。

「その段階を知ってもガクッとならない自我を育てること」

このお答えを聞いただけで、私の今の段階が分かるような気がします。なんとも心優しい表現だなあと染み入りました。

井の中の蛙大海を知らず。私もまだまだ生まれたての赤ん坊なのかもしれません。こうして生まれ出てくることができただけでも幸運なのかもしれませんね。エゴを薄くし、洗練させていくこと。今後の、そして来年の抱負と致します。ありがとうございます。

エゴの本でどのような情報が開示されるのか、大変興味深く楽しみにしております。

以下、今回も質問をさせていただきます。

1

私たち凡人から見て救世主なのか似非救世主なのか、見極める術はあるでしょうか。良心に従って、というのは1つの答えになるのでしょうが、それ以外になにか判断できる指針があればと思い質問させていただきます。

2

現状八柱の救世主が育っているとのこと。救世主自身が救世主であることを理解するのはいつどのようなタイミングでしょうか。それとももうすでに自分が救世主であることを理解している人もいるのでしょうか。

3
救世主は自分たちが天之御中主大神とつながっていることを理解しているでしょうか。

4
非公開情報十一p.16、いずれ救世主同士のテレパシーで連携することも可能とのことでしたが、彼らは救世主同士であることがわかるのでしょうか。もしかしたら、似非救世主とテレパシーでつながることもあるかもしれません。

5
太陽系の各惑星は10の光球（セフィラ）とも対応していると聞いたことがあります。「惑星たちとのコンジャンクション」というのを聞いて、もしかしたら救世主はカバラにおける生命の樹ではないかと思いました。神道においてもある一部の宗派にはカバラを扱う術師がいるようですので、救世主においてカバラの技術が適用されていても不思議ではありません。もしそうであれば転んでしまった者も含めた10柱の救世主はそれぞれ、各セフィラに対応するある性質、特質を備えている可能性があります。救世主を中心とした文化、文明の創造の際に、その特質が発揮されるのではないかと。この考察は合っているでしょうか。

以上、よろしくお願い致します。

2017年12月22日

回答5（追補）

救世主たちの自覚や能力は各々の覚醒といいますか、進捗状況によりますから、誰がどこでどうなるかなど分かったものではありません。

他の質問は思い込みが強くて答えにくいものになっています。

エホバとフリーメイソン

赤鬼

虚空蔵55様、みわ様

初めて投稿させて頂きます。

この度、まんだらけの株を購入致しました。「非公開権利」を希望致します。

いつもこちらの掲示板と「宇宙全史」書籍にて勉強させて頂いて居ります。

どうぞ、権利取得の審査をよろしくお願い致します。

初めての質問をさせて頂きます。エホバと陰始についてです。

「宇宙全史別巻・20年後地上の人間は半分になる」の出版により、陰始の存在を知らせて頂いた事は、本当に驚きと、戦慄でした。

私は、10年程前より「闇の世界の仕組み」に興味を持ち、当時出版禁止にされた書籍も含めて世に公開されたフリーメイソン関連の書籍（宇宙全史では水面下のフリーメイソンという位置付けでしょうか）を読み漁りました。私達日本人を取り巻く世界が、特に明治以降、教育から生活全般に渡り、フリーメイソンと関わりの無いものなど何も無いという程、日本は改造されてしまったという理解にたどり着き、愕然とし、現在に至っております。

その間に、「宇宙全史」に出会い、フリーメイソンの在り方をより広く、深く、詳しく知る事ができ、同時に知識の大幅な塗り替えも致しました。また、フリーメイソンに絡め取られない為の道標も示して頂き誠に有り難う御座います。

只、知識を得る事は出来ても、日々の生活で何が出来るという事も無く、五井昌久先生の「世界平和の祈り」にすがっているのが現状です。

それでは、質問させて頂きます。

宇宙全史第1巻、P．530に、フリーメイソンの霊団は6次元のエホバの集合魂の一角にある。とあります。

1．そこが、陰始の集合魂と考えてよろしいのでしょうか？

2．それとも、ここで言われているフリーメイソンとは陰始を含む他の収奪者達の総称でしょうか？

3．20年後陰始の消滅はエホバにどの様な影響を与えるのでしょうか？

ご多忙のところ、大変恐縮ではありますが、以上3点についてご回答頂ければ幸いです。

例え20年後に陰始が消滅しても、エホバが地球に関わっている限り、あるいは関わり方（人類からのエネルギーの収奪）が変わらない限り、新しい搾取の構造が作られ、地球はユートピアになれないのではないか？と考えて居ります。

どうぞ、よろしくお願い致します。

2016年11月7日

回答1

このメールを持ちまして非公開情報9からの権利者と認定されました

手続きを始めて下さい

質問は後程となります

（現在世界が大変な状況に陥っており、五井先生はもちろんみわも私もどうにもならない状態が続いていま

す・しばしここは休憩となります）

虚空蔵55

回答2（追補）

宇宙全史でいうところのフリーメイソンとはこの宇宙における収奪者全ての総称になりますが、この宇宙そのものの有様が「収奪的」でもあるので、そこは微妙なニュアンスがあります。

一言で概括できないもどかしさがあるのですが、それは皆さん方の進捗具合も関わっていますのでやむを得ないということもあるのです。

ただ大まかにいってしまえばフリーメイソンの発端は人間から始まっていますが、エホバは神としての有様を初めから持っています。

もちろん地球に深く関わるためにムー時代に人間として生まれていますが、その後はほぼ「神」として機能しています。

つまり宇宙のシステム、或いは機能としての働きをエホバとして（負の作用ではありますが）行使しています。

フリーメイソンは地球におけるその手先のようなものでしょうか。

ですから地上からフリーメイソンが消滅してもエホバには何の影響もありません。そうなったらまた他の同じような星を探せばいいだけです。

エホバが地球に関わるという事ではなく、人間がエホバに関わるという言い方が正確です。それをよくお考え下さい。

あわてず騒がず

虚空蔵55さま、みわさま、当ＢＢＳの仲間の皆さま、守護霊さま、守護神さま、五井先生、

いつもお導きをいただきありがとうございます。初めて書き込みをします。

メキシコ湾原油流出事故ですが、5月29日の緊急告知を受けて以来、当方も祈りを続けております。当初は英米のメディアの報道を情報源として状況把握を行っておりましたが、昨日守護霊さまのお導きにより、ＢＰ社のホームページ http://www.bp.com/sectiongenericarticle.do?categoryId=9033572&contentId=7061710 を開けてみましたら、貴重な情報にあふれておりました。特に6月7日付のPress release と Technical briefing はわかりやくまとめられておりますので、興味をお持ちの方はＢＰホームページにアクセスされるようお勧めします。

現状を要約しますと、6月3日に海底１５００ｍの原油漏れ箇所にキャップが施され、原油とガスが海上のタンカーに回収され始めています。（5月29日の緊急告知はまさにこのＢＰ社のアクション実施のタイミングと合っていたように思います。）回収量は6月6日時点で１１００バレル／日、6月4日〜6月6日の3日間の合計が２７６７２バレルに達しています。また、ＢＰはこの流出阻止アクションを安定なものにするために、さらに第2、第3、第4の追加アクションを進めているようです。（詳細は上記ＢＰ社ホームページのトップページのGulf of Mexuco responseのバナーをクリック後、Recent updates のセクションを開

け、Press release 6月7日とTechnical briefing 6月7日の情報を参考にしてください。）また、ＢＰ社は漏れた原油の回収、被害者への保障の面でもアクションを進めているようです。

この問題の解決のためには、ＢＰ社の良心にもとづくコミットメントは欠くことができません。そして我々が祈りの中でＢＰ社の良心との共鳴を強めていくことはとても大切なことだと思います。ＢＢＳ仲間の皆さん、この問題が解決するまで、我々の祈りを続けていきましょう。

２０１０年６月10日

明るく楽しく元気よく様

回答は後ほど左にいたします。

しばしお待ち下さい。

回答1

２０１０年６月11日

No.１６６

これは右のNo.１１１４への回答です

はじめに申し上げておきますが、今のところＢＰ社には良心のかけらも見当たりません。あのホームページから何を引き出されたのかよくわかりませんが…たぶん書かれてあることを鵜呑みにされたのだと思います。

とりあえずＣＮＮでもいいですし、ＢＢＣでも結構ですが、できるだけ公平な基準を持つ（この２つのテレビ局が一概にそうだとはいえないのですが、それでもまだましです）報道機関を通して現実の情報を収集してみてください。

犯罪者の言い分をそのまま鵜呑みにすることほど危険（というよりも愚か過ぎます）なことはないでしょう。

ＢＰ社が事件発生からどのような対処をし（いやむしろ何もしないで）、どのような世論誘導（それにあなたは乗せられているわけですが）、報道規制、情報隠しをしてきたか、また現在の直接の被害者である沿岸住人や漁業関係者に対してどのような脅しをかけているか…それくらいはすぐに見破れるはずです（と思うのですが、最近ちょっと自信がなくなって来ています…明るく楽しく元気よく様はそういう報道をご覧になっていたのですよね？）。

ＢＰ社ほどの巨大企業になりますと地元有力者はもちろん、アメリカ政府要人、軍部、その他の情報関係者など力のある存在には金がばら撒かれていまして、大統領だけが何も知らなかったというようないつもの状況があるのです。

つまりお金をばら撒いて、好き勝手に石油でもうけていたという形をとっています（必要な規制の網や法の目をそれで潜り抜けていいます）。

今回の事件の発端は、設備の不備と人の不手際によるものですが、その大元にはBP社の「金がすべて」「自分たちさえよければそれでいい」という凝り固まったエゴから来ています。

現在おっしゃるようにBP社は石油の噴出口に穴だらけのキャップを取り付けましたが、発表しているほど石油を回収はできていません。

流出はこれからまだ約3ヶ月は続く予定です（それでも皆様のお祈りで短くなってはいるのですが）。

皆様が腕などに傷を負ったとき、直ってくるとかさぶたが出来ます。

あれと同じで地球にも自浄作用というのがありまして、石油の噴出がある程度の期間ありありますと自らその傷をふさごうと地球がします。

結局はBP社が責任を取って何とかして穴をふさぐしかないのですが、地球が自らの傷を癒すのが早いか、BP社が何とかするのが早いかという状況です。

おそらく噴出口が自然に小さくふさがれていく形の中で、BP社が何とか出来るということになるだろうというのが現状です（それも何度も申し上げますが皆様のお祈りがあってのことなのですが）。

「現状の流出がまだ後3ヶ月続く」…その現実は何を意味するのでしょうか。

それが想像できないほど人類は愚かになってしまったのでしょうか。

私たちの本当の戦いは、あの流出が終わった後から始まるのです。

そしてその戦いに用いられる私たちの武器は「愚かさ」ではなく人類の「叡智（えいち）」を持ってあたるしかないのです。

そこにしかこの地球の人類の苦境を乗り切る道はないのです。

その前にすでにここで祈りを捧げておられる皆様の力は実に大きなものがあります。

どうか祈りの力を信じてがんばって下さい。

この危機を本当に何とかしようと考えているのが、ここに集う極わずかな日本人だけだとは現在世界中のどなたも知らない状況ですが、やがて私たちの祈りが大きく羽ばたいていく時が来るでしょう。

虚空蔵55さま、
実態を丁寧に説明いただきありがとうございます。

ＢＰ社の真実の姿にはがっかりしましたが、祈りを通じてその良心に粘り強く働きかけていきます。

そしてこの問題が解決するまで、祈りを続けること、廻りの縁ある方々へ問題意識を持ってもらうこと、ＢＰ社・メディアの報道をバランスよく追っていくことを続けていきます。

いつも啓示をありがとうございます。引き続き、真実の姿を我々に見せていただきたく思います。

２０１０年6月11日

虚空増55様、みわ様、

本ワークでは大変お世話になっています。

ありがとうございます。

非公開権利を希望いたしますので、審査のほどよろしくお願いいたします。

2009年暮に導かれるように宇宙全史1地球編に邂逅以来、宇宙全史関連書籍を繰り返し勉強させていただいております。回を重ねるごとにストンストンと理解が深まっているように感じております。

また、何よりも五井先生の教えに出会えましたことはこの人生におけるとても大きな至福です。ありがとうございます。五井先生の書籍も繰り返し勉強させていただいておりますが、お蔭様で世界平和の祈り一念の生活に入ることができましたし、安心立命の境地にも入れたように感じております。

本当にありがとうございました。

2016年9月24日

回答2

このメールからあなたは非公開情報9からの権利者となりました。

必要な手続きを始めて下さい

SO&SOさま、

非公開情報十一購入希望、先ほど再度メールいたしましたので、確認方よろしくお願いいたします。

明るく楽しく元気よく

2017年11月17日

回答3

あなたの場合はこのメールのように「明るく」だけで非公開情報希望のメールが来ていました。

住所も株式番号も、正確なハンドルネームも、電話番号もメルアドもなく、確認のしようがなかったので「不正メール」として処理されています。

次回からは放置されますのでご注意ください

虚空蔵55さま、ＳＯ＆ＳＯさま、

非公開情報十一の購入希望メールの件では大変お手数をお掛けして恐縮いたしております。

申し込みにおきましては、必要事項を記入後メールを送信しましたつもりですが、何だか煙に包まれたような気持ちです。

３度目のトライをしますこと、ご容赦ください。

明るく楽しく元気よく

２０１７年11月17日

気づきに気づく

あき

虚空蔵55さま、みわさま
ここでの出会いと気づきに感謝いたします。

質問を書き込んでみたいと思いながらも、畏れ多くて一歩を踏み出すことができませんでした。

ですが、何か書かないと！という思いで書いています。

これも、エゴでしょう。

私の今の課題は、エゴは何かを知ること、不平不満という思いをなくすこと、周りに、自分の傲慢を垂れ流さないこと、だと感じています。

人は思った通りの自分になる、とどこかで読みましたが、
自分自身だけでなく、それを家族にも投影してしまっているのではないかと感じます。
娘と主人が病気になって通院していることや、事故を起こしてしまったこと。
もちろん悪い事だけではなく、良い事も発現していますが、
これが、自分のエゴからなのであれば、私は、これをコントロールできるようにならないといけないな、と思うのです。

周りを振り回す力があるのなら、役に立つ方向に使いたいのですが、

自分の欲にしか意識を向けらていないので、これからも祈りを続けまずは自分の意識をあげたいと思います。

「宇宙全史を読めば自ずと気づくようになる」との言葉を励みに本もこのＢＢＳも読んでいますが、なかなか気づくことが出来ていなくて、やきもきしている状態です。

虚空蔵55さま、みわさま

ここでの出会いと気づきに感謝いたします。

質問を書き込んでみたいと思いながらも、畏れ多くて一歩を踏み出すことができませんでした。

1つ質問をさせてください。

日々の生活の中で「気づき」や「しるし」が現れた時、どうやってそれを正確に取り込んでいけば良いのかということです。

せっかくの「知らせ」を逃さないようにしたいのです。

でも、間違った解釈や、罠にはまらないようにするために、気をつけなければならないことがあればお教えいただけると嬉しいです。

勉強不足と厚かましい事は承知の上で書き込みます。

虚空蔵55さまの「質問ＢＢＳは開いている」という言葉に甘えさせていただきました。
これからも精進いたします。
ありがとうございました。

２０１６年６月30日

回答1

「１つ質問をさせてください。日々の生活の中で「気づき」や「しるし」が現れた時、どうやってそれを正確に取り込んでいけば良いのかということです」

●月読之大神のお言葉です

まずそれが正しいのか正しくないのかといった知的な判断と言ったらいいのかしら」

「それがあなた達は出来ない状態に初めからいるっていうことを分かっていなければいけないね」

「で、それをね、やはり判断するためには自分を見つめなければいけない」

「自己観照という形は取らなきゃいけない」

「それを反省でもなんでもなく、最初に自分が何を思っているかということを自分を誤魔化さずにただ単に認めること」

「そこから始めなければいけないね」

「こういう思いを思っちゃいけない」とか「これはいけないことだ」とか「こういう思いを思う自分は傲慢なんだ」ということよりも先にまず「自分が色んな思いを持っている」ということを認めなきゃいけないよ

「そこから始まる」

「そこを誤魔化してしまうと全てが曇ってしまって直観知どころじゃなくなってしまうからね」

「カルマを積むことだけでしかないから」

怒りも強欲な思いも、嫉妬も、さもしい思いも、情けない思いも…エッチな思いも浮ついた思いも、傲慢、悲観、そうしたものを全部認めたうえで…「あ、それが今の自分なんだ」と全部認めたうえで、

「じゃあ何が出来るのか」

という形をとらないと直観知もへったくれもない

「やっぱり自分の軸というのをキチンと確立すること」

「それにはまず今の自分の立ち位置をキチンと見定めること」

「そこから始まる」

素の自分というのを認識するということ

お知らせとか何とかそういうものは二の次

「まずそこがキチンと出来ていないから直観知ということを疑うんだよ」

「というか曇っていて分からない」

素の自分が分かっていれば自ずとわかるということ

「（自分を）誤魔化すということは自分の直観知の領域を曇らせていることなのよ」

「自分を認められないということはね」
あなたの守護霊様からです
「修行だね」
しばらくして
「誰かのせいにしないということは大事だよ」

虚空蔵55

虚空蔵55様、みわ様、月読之大神様、五井先生
いつもありがとうございます。

いつも、行動が遅い事を恥じつつ、それでも鈍臭い私です。

しかし、株の取得とか、やった事もない事をやってみようかと手続きの途中のことです。

(なかなか出かけられないでいるのでネットでやってみました。)

その時、画面に現れたのは、今回は手続きを見送らせていただきますの文字でした。

夢の中でおめでとうと言われたユキさんの書き込みを見て、
ああ、私も、別の手段で通達をいただいたのだなと感じました。

少し前に、「自分を見つめること」「誰かのせいにしない事」をお教えいただいたその事、お祈りを続ける事。
果たしてできているだろうかと、自省する機会をいただきました。

いつもいつも感謝しかありません。
ありがとうございます

消えゆく姿である事を府に落とすのは難しいですね。
自分は欲ばかりだなぁ、と思います。

世界人類が平和でありますように
まずは株が取得できるように頑張ります。

2016年9月24日

虚空蔵55さま、みわさま、月読之大神さま
いつもありがとうございます。

株の取得の手続きを完了しました。

非公開権利希望です。

世界線が移動して地震が顕在化しなかった事にホッとする一方で不謹慎ですが、地震が来るのを待ち構えていた自分がいます。

いろいろと準備をして、さあいつでも来いと。

そういう時に自分がどう動けるのか、何を見、何を感じるのか知りたかったのかもしれません。

元々、関東に住むようになったのも、そういった未曾有の体験をしたいのではないか、そのためにきたのではないかと思うのです。

前に「ありのままの自分を見つめなさいと」言われました。

自分の心の底にある気持ちは、この、強烈な体験をしてみたいそういう欲です。

私のこの様な心持ちを持つものが破滅への道を選んでいるのかもしれませんね。

やわらかいお祈りを続けます。

いまよりももっと。

ここに書き込もうとすると、いろいろ気が付きます。

隠そうとする気持ちも、よく思われたいという気持ちも、色々と露わになる様です。

ありがとうございました。

2016年10月12日

回答2

このメールをもちまして非公開情報9からの権利者となっています

手続きを始めて下さい

虚空蔵55

進化は少しずつゆるやかに

AQUA

虚空蔵55様、みわ様　はじめましてＡＱＵＡと言います、どうぞ宜しくお願い致します。

昨年の暮れに宇宙全史を購読させていただき、つい先日非公開情報の権利を取得させていただきました。

かなりショックな内容でしばらく恐怖心があり、今も怖いという気持ちはあるのですが多少受け入れられた様な気がします。

私は3年程前に妻を亡くしました、うつ病の末自殺です。

そのような亡くなり方だと成仏できないそうですが、もし何か成仏出来る方法があったならお教えいただけないでしょうか？

今でも彼女のことを愛しています、もし自分に出来ることがあるのでしたらお願いします。

そして自分と彼女の過去世彼女との繋がりがあればお教えいただきたいです。

話は変わりますけど、時々足の裏や尾てい骨の辺りがもの凄く振動します、眉間の当たりに妙な圧迫感もあり、名前を呼ばれる幻聴？

なんかもあったりします。

月や星、光源等を見るとその周りに円形の虹などが見えたりするのですが、これは良くないことなんでしょうか？

自分自身この先どうすれば良いのかこのままで良いのかが分かりません宜しかったらご指導ご鞭撻の程お願い致します。
２０１２年１月14日

虚空蔵55様、みわ様

ご苦労様です。

あれからもう1回宇宙全史を読み直し、やはり何かそこから学びが、経験からの学びがなければと思い考えていました。

嬉しかった事、楽しかった事、悲しかった事、辛い事、怒った事、色々ありました。
亡くなった事も怒りや悲しみもあります。

でもそれらを全部受け止めた上で、彼女に「ありがとう」と感謝することにしました。
今の自分で出来ることは感謝の気持ちを祈りと共に仏壇に手を合わせる事かと思います

そして自分の気持ち、考えをもう少し出していれば良かったと気づく事ができました。

先日はじめて夢の中で彼女が出てきました。

なぜだか2人見たことない人連れていましたけど、私は驚きと喜びそして怒り、申し訳なさから逃げてしまいましたけど、何故か彼女は追って来て、その時笑顔で私の名前を呼んでいた事は覚えています。

2012年5年10月

回答1

確かに彼女はいまだに成仏されておりません。

そしてあなたのそばに常にいます。


あなたは彼女との縁をお知りになりたいという事ですが、現状それは許されていません。

それを知ることであなたが彼女に引きずられてしまうからです。3年たちますがもう少しあなたが落ち着くまでお待ちください。

あなたの守護霊様からです。

「自分を責めるのはやめなさい」

その一言が降りて来ています。


またあなたに起きている色々な現象は、あなたが次の段階にあがるためのレッスンですから、あまり気になさらないで下さい。

昔からのクセでそういうものを悪いことや恐怖の対象として見てしまうことがありますので、そういうクセを外すようにいわれています。

ご自身の安定や彼女の成仏のためにすべきことは、瞑想（祈り）が最適です。

しかし夜はやってはいけません。

朝…陽が出てから出来る範囲でやってみて下さい。

虚空蔵55様、みわ様

お忙しい中お返事ありがとうございます。

守護霊様の言葉を読んだとき感動で涙がでそうになりました、ありがとうございます。

車を運転してる時、たまに助手席に誰かいる感じがしてましたけど、常にそばにいるとは思いもしませんでした。

彼女が亡くなった場所が、彼女の実家なので、地縛霊で動けないと思ったのですが今も近くにいるとは少し驚いています。

遺書に人生に悔いはないと血判まで押していたのですが傍にいるとは…

私にとりつく分には他に迷惑が掛からないから良いのですが、そんなに引きずり込みたいほど憎まれていたのかと思うと、守護霊様が言っていた、自分を責めない様にしたいと思いますが少し落ち込みました。

ですが、私のすることは変わらないので、昼間頑張って世界平和の祈りを届けたいと思います。

ありがとうございます。

2012年5月13日

虚空蔵55様、みわ様

ご苦労様です。

以前に頂いたお返事についてですが。

「瞑想（祈り）が最適です。」

とありましたので、座って目を瞑り合掌又は膝の上に手を置いて祈っていますけど、祈りはやはり口に出した方が良いのでしょうか？

私は気がつくと心の中で唱えているので修正したほうが良いのでしょうか？

初歩的な質問で申し訳ありません。

それと「夜はやってはいけません」

とありましたが、夜は世界平和の祈りを唱えてはいけないと言う認識で良いのでしょうか？

最近心の中で祈りを唱えながら寝落ちをすると夢を見る事が多いので楽しみだったので質問させていただきます。


前回投書させて頂いた後、私に何か繋がると言うか心？魂？の奥に繋がる、見られているような感覚がありましたが先生に迷惑がかからなかったでしょうか？

私は今些細ですが、肉体的にも精神的にも変化が出てきています。


最後に燕が巣を作ると縁起が良いと言います。家にも毎年作りに来るたび、壊すのですがやはり巣を作ると縁起が良いのでしょうか？

個人的な質問ばかりで申し訳ありません。

2012年5月15日

回答2

普段のお祈りはいつでもどこでもOKですが、キチンと姿勢を正して、ある程度の時間外界とのやり取りを遮断して行う瞑想やお祈りは、夜間は避けて下さい（あなたの場合だけですが）。

ツバメは気（波動）のいい所にしか巣を造りません。

何か後利益があるから保護しようとかではなく「ツバメくらい、いいじゃない」というのが月読之大神のお言葉です。

交換条件ではなく、多少糞（ふん）の被害はあるでしょうが、気のいい場所に住まわせて頂いているということでいいのではないでしょうか。

虚空蔵55様みわ様ご苦労様です。

月読之大神様有難うございます。

あれから、やわらかい祈りも追加してお祈りをさせていただいています。

仕事をこなしながらでしたけど凄く疲れてしまい、日常にエネルギーをほとんど使っているという事が実感できました。

2日間の頭痛の後、眉間と頭上のチャクラがすごい圧力でそれと共に他のチャクラも認識でき、自分のエゴも少し薄くなって来ていると自分なりにですが実感できました。

それとラップ音（爆竹音）をよく聞きます。

それと今日気づいたのですが、前に彼女はあなたのそばに常にいますと頂いた言葉も、自分が呼んで繋ぎ止めている（そんなことを約束した記憶があります）かもしれないと気づきました。

でもそれすらもエゴで、だからそばにいると言う言葉を使っていただいたと思います。

お祈りの効果で、自分に理解できる範囲ですが色々な気づきがありすぎてびっくりです。

私はもう1人の自分（自称守護霊で男性でしたり女性でしたりします）と会話をする時があるのですが、これってやっぱり自分（エゴ）ですか？
最近、自分の好きなようにしなさいと言い始め、あっちの方が良いとか言わなくなりました。たまにしか話さないので気のせいかもしれませんが…

これからも頑張らせて頂きます。
有難うございます。

2012年5月29日

虚空蔵55様　みわ様ご苦労様です。

守護霊様守護神様五井先生有難うございます。

月読之大神様有難うございます。

他の方々の質問を読みながら、最近エゴについて考えています。

自分はエゴではないと、色々な表現を使って頂き、微かに私でもエゴというものが分かってきました。

そして自分はエゴではなく、存在でありそこから認識、対象があり自分と相手を区別するためにエゴが生まれ、そのエゴが大きく多くなりそれが自分だと思い日々生活しているのが私であると自分なりに理解しました。「私は在る」までは言葉で分かってもまだ理解できませんが…。

そのエゴを無くす為には日々一瞬を心を平静に生き、自分のやるべき事、仕事をちゃんとこなし、そしてお祈りと生かされている感謝を忘れずに持ちなさいということでしょうか。

今1人暮らしであまり束縛がないので休日はお祈りと瞑想ばかりです。それに好きな女性とも別れたばかりなので、もしかしてこれは自分のエゴを薄くして無くす機会なのかもと思います。

自分の気づいてる範囲で大きなエゴが3つ（食欲、性欲、タバコ）あるのですが、これを機に無くします。有難うございます。

２０１１月６月１１日

虚空蔵55様、みわ様お忙しい中ご苦労様です。

7月になり、世界の分岐の時が来て…。

もう来てしまったのでしょうか？

去年の末にこちらを知ってから、世界平和の祈りをさせていただいていますが、私の浅く小さな祈りでも皆様の世界のお役に立てているでしょうか。

私などまだ86パーセント組みなのでしょうが皆さんの足を引っ張らない様に頑張らせて頂きます。

有難うございます。

２０１２年７月２日

虚空蔵55様、みわ様ご苦労様です。

今、宇宙全史を読み返させて頂いています。

これで3周目ですが読むたびに新しい発見があります。

私自身はそんなに頭が良い方ではないので、何度か読まないと自分の中に入ってこないというポンコツぶりです、でもまあ人の3倍くらい頑張れば人並み位には恐らくなると思っているので色々な発見があってありがたいです。

こちらの書き込みも3回位一通り読ませて頂いていますが、その度に新たな発見があります。

皆様方がお忙しい中このようなのほほんとした報告は申し訳ないのですが…。

月読之大神様の予定調和というお言葉を読ませて頂いて、ここからひっくり返すのも予定調和だったら良いなと思っています。

私が、そしてみんなが卒業できますように頑張らせて頂きます。

有難うございます

2012年8月17日

回答3

現状上の方々がどういう方向性を望んでおられるのか、どうしようとしておられるのかは全く見当がつかない状態です。

基本は私たちの「学び」を得ることができる状態に持っていくのがセオリーなのでしょうが、そこに色々複雑かつ不確定な要素が入り組んできていて、まあ中々大変なようです。

他人事のようですが、実際私たちも大変なのです。

「宇宙全史」は何度読まれても新しい発見があるはずです。

あれは人智で記されたものではなく、宇宙が「この時代ここまで開示してもよし」と人類史上かつてないほどの大盤振る舞いをしたものですから、理解のできる方々は得るものは大きいと思います。

私など（まだ覚醒しておりませんので）ドン・ファンやニサルガの本は、おそらく10回以上読んでいるのではないかと思います。

それくらい読むたびに新鮮ですし、覚醒への手掛かりを毎回得られるものです。

「宇宙全史」はそれらのものよりは、はるかにやさしくわかりやすく書かれてありますが、それでも普通の人間感覚では読みこなすことは難しいかもしれません。


かつて世紀末や終末といわれる時代になったら、一体どれほど世界が荒れ狂うのかと思っていましたが、現実はそれほど実感として感じることもなく、ただ「ああ大変な地震があったなあ」「また戦争が起こっている」「飢餓が続いている」「大きな台風が来たね」という日常性の範囲の意識でスルーしてしまおうとしているようです。

それが怖いなあと思いつつ、いよいよ2012年の12月が待っているのです。

虚空蔵55様、みわ様ご苦労様です。

こちらで書いてあったのですが、12月の大変動は決定されたのでしょうか？
詳しくは書いていなかったので、どんなことが起こるかわかりませんが、何故か最近世界が変わった気がします。

身の回りは何も変わっていないのですが、仕事が終わり家に帰りドアを開けたら部屋が広く感じ、あれ？と思い窓を開けたら見える景色も同じなんですが何故か世界が変わったと感じました今もその感覚はあるのですが狭く感じるよりは良いかと思っています。

それと最近は雷の音も変わりました。
私が子供の頃と音が変わったと思っていたのですが、最近また音が変わりました。
何故か色々なことが変わってきていますが、日々のお祈りを何とかさせて頂いています所に、五井先生から祈り、生き方の姿勢を教えていただき自分の甘さ、慢心、怠惰に恐縮してしまい、それと同時に五井先生の優しさに申し訳なく思います。
これからまた新たな気持ちで頑張っていきます。ありがとうございます。

2012年9月12日

虚空蔵55様、みわ様ご苦労様です。

毎日世界平和のお祈りをさせて頂いていて最近気づいた事があります。

手を合わせ、声に出してお祈りをしていますと心の中で全然違う事を考えている自分に気づき愕然としました。

これではいけないと思い、その全く違う事を考えている心の声を口と一緒にお祈りをしていたのですがある時その心の声の奥に更に小声でお祈りの声がします。

「え?これって増えるの?」と思いながらもお祈りを続けていますが、今は本当に小さい声でゆっくりとしか聞こえないので、聞こえる時は合わせてゆっくりお祈りしています。

最近「私は在る」を読ませて頂いているのですが、宇宙全史の予備知識がなければ全然理解できませんでした。

まだ途中ですが理解してないです。ただ質問に対する答えに質問者が理解できていないことはなんとなく分かった気がします。

これからも頑張らせて頂きます。

有難うございます

２０１２年10月17日

虚空蔵55様、みわ様ご苦労様です。

皆様方のおかげで、まだ地球で学ぶ事が許され有り難いです。

私は今月初め頃から寒くなってきたので頭痛に悩まされていたのですが、やっと慣れてきたらしく収まりました。

皆様方も風邪など引かないようにご自愛ください。

地球も大変みたいですが、私の勤めている会社も滅びの道を歩んでいるみたいです。

この年だとなかなか就職先が見つからないので、上の方達には頑張っていただきたいのですが打つ手がほとんど売上、利益を下げると言う状況になっています。

昔はそれに対して憤っていたのですが、今はその状況の中で自分のすることを淡々とこなす事にして後のことはその時考えようと言う気持ちです。

そんな中でも朝、出勤の時車の窓から見える眩しい朝日に、今日を生きている喜び、生かされている喜びに感謝させて頂いています。

有難うございます。

２０１２年11月21日

回答4

「地球も大変みたいですが、私の勤めている会社も滅びの道を歩んでいるみたいです」

少々気になりましたので確認してみました。

月読之大神

「気づいているでしょう・ゆるやかに気付き始めているじゃない」

「お祈りもしているし、今までの価値観、そこからは少し逸脱し始めているから、そういう人はね、また違う道があるんだよ」

つまり現状あなたの立ち位置が転換点にあり、そこからうまくいけば新しい人生の方向性が見えてくるはずだということです。

あなたの守護霊様からです

守護霊様

「おだやかにね」

この一言だけでしたが、しばらくしてから、

「いきどおり…そういう感情の激しいのが身体に来る」

「そういう生き方をしてきたから、これからも来るよ」

新しい道では、古い衣は脱ぎ捨てねばなりません。五井先生のおかげで、ありえないような新たな人生の可能性を頂いたとしても、古い習慣や癖を持ったままですと、かえって負担になってしまいます。

ここが正念場です

がんばって下さい

虚空蔵55様、みわ様ご苦労様です。

月読之大神様、守護霊様、有難うございます。

自分の中の憤り、自己憐憫、エゴに気づかせて頂きまして有難うございます。

守護霊様には「おだやかに」と。前には「自分を責めないで」とおっしゃって頂き、自分を責めることも、他人を責める事も同じだと気づかせていただきました。

月読之大神様のお言葉は本当に恐れ多くて恐縮してしまうのですが、守護霊様のお言葉は前のときもそうでしたが涙が溢れて止まりません。

ダメダメな小玉で申し訳ない気持ちになります。

それでも自分にはもうこれしかないので、ただお祈りをさせていただくのみです。

有難うございます。

2012年11月25日

虚空蔵55様、みわ様
ご苦労様です。
2日ぐらい前に夜犬の散歩をしている時に、その日はちょうど満月で、月がまぶしい位に輝いていたのですが、その月を見ながら自分の中に思いたることがありました。

前に頂いた月読之大神様と守護霊様のお言葉を何百回と読み返し、こちらの書き込みを読み返して恐らくそうだろうと思いました。

月詠の大神様が「気づいているでしょう・ゆるやかに気付き始めているじゃない」とおっしゃったのは、会社に対してではなく生きていること、生かされていることへの感謝の心で、こちらの書き込みの中で何度もおっしゃっていられました。

感謝と祈りが大切で、全てはそこから始まり。今の自分の状況の中でやるべき事をこなしてその中で学びなさい、そして自分にとって今の状況は学びに必要な環境にあるのではないかと思いました。

そして守護霊様が「おだやかにね」。とおっしゃっていられたのが、自分の学ぶ事（カルマ、天命）なのではと他の方の守護霊様のお言葉を読ませて頂いて思いました。

「いきどおり…そういう感情の激しいのが身体に来る」「そういう生き方をしてきたから、これからも来るよ」

というのは恩寵でいい加減気づきなさいと言う事なのでしょうか…。

そのような事を満月を見ながら気づかせて頂きました。

こんなにたくさんのヒント、答えが書かれているのにここまで1年かかってしまいました。

有難うございます。

2012年11月30日

先日神社に初詣に行かせていただき、世界平和の祈りをさせて頂きました。

その後おみくじを引きましたところ、記憶にある限り人生2度目の大吉を引かせていただき喜んでいた所「おめでとう。これで今年の運を使い果たしたね！」と笑顔で妹に言われましたが、ただ自分のすることをするだけなので「そうかもね～」と軽く流すことができました。

年末に会社の社長が来て、売上や現場についての反論、意見があれば言いなさいと言われたので、思った事を言おうとしたら途中で遮られ自分の言いたいことだけ言って帰ってしまいましたが、私自身はクビ覚悟で会社のために思った事を触りだけでも言えたので、相手が聞く聞かないは別として自分の出来ることができたので、感謝しています。

生きていること、生かされていることに感謝させて頂きます。

有難うございます。

2013年1月2日

回答5

この社長は何なのでしょうか？

月読之大神

「そこまでの本音は聞きたくなかった」

ということのようです。

「聞きたくはなかったが、あなた（ＡＱＵＡ様）が思っているほどわからんちんではないけどね」

まあ、ある程度は聞いたということのようですね。
そして少しは癇に障ったようでした。
あなたの意見をすべて飲み込むというほどのキャパはなかったようです。

「自ら言っておきながらそこまでの本音は聞きたくないというキャパだね」

「ただ言ったことはＯＫだろうよ・それくらいいい薬」

昇進出世には影響ないのでしょうか？

「多少はね」

「でもうっぷんを我慢して溜めておくよりはすがすがしくていいよ・本人（ＡＱＵＡ様）のため」

「そういう立場を与えられたら自分に正直になって言いたいことを言えばよい」

「素直でよろしい」

珍しくお褒めのお言葉です。

どうも月読之大神はこういうのがお好きなようです。

「小手先のちょこちょこした考えでチマチマやっているより、いっそ清々しくスッパッといった方がその方が運命を切り開けるじゃないの」

世界平和の祈りをしていると、皆様の運命は必ず良い方向に導かれていきます。

しかしその時運命を切り開くというその第一歩はあなた自身で「汗を流し」「血を流し」切り開いていかねばならないのです。

月読之大神

「自分がどうしたいのかときちんと見つめることが、運命を切り開くきっかけとなるのよ」

がんばって下さい

虚空蔵55
（月読之大神がこれだけのお言葉を降ろされるということは、何かあるのです）

虚空蔵55様、みわ様ご苦労様です。

月読之大神様よりお褒めのお言葉を頂き、大変嬉しく感謝の気持ちが絶えないのですが、同時に自分の母親の事を思い出してしまいました。

子供の頃テストで98点を取って怒られ、100点を取ったら褒めてもらえると思い、実際100点を取って意気揚々と見せたら「もっと頑張りなさい」と言われたような記憶があります。

もの凄く落ち込み。なんで褒めてもらえないのかと悲しかった事が思い出されました。

自分の中で慢心やおごり高ぶりの気持ちが出ていたんだと思います。

それをなくそうとお祈りをしていたのですが、今朝他の方の守護霊様のお言葉を読んでいる時に、自分は本当に何も知らないし自分が書いている事も、喋っている言葉も過去の記憶や経験を繋ぎ合わせているだけなんだと思っていました所。何かごっそり自分から抜け落ちて、落ち着く事が出来ました。

新年早々、月読之大神様からこれほどの具体的なお言葉を頂けるなんて、おみくじの大吉ってこんなに当たるとは思いませんでした。

今日も生きていること生かされていることに感謝させていただいています。

有難うございます。

2013年1月7日

回答6

「今朝他の方の守護霊様のお言葉を読んでいる時に、自分は本当に何も知らないし自分が書いている事も、喋っている言葉も過去の記憶や経験を繋ぎ合わせているだけなんだと思っていました所。何かごっそり自分から抜け落ちて、落ち着く事が出来ました」

一般的な人のアイデンティティというものは、「記憶の積み重ね」と「記憶（経験）の解消（消化）しきれていない部分から派生する欲望」と「記憶の解明しきれていないところから派生する恐怖」の寄せ集めにしかすぎません。

それが通常私たちが「自分」だと思っているものです。

実につまらないものですが、それを真に理解するにはニサルガの叡智が必要ですが…それをわかりやすく教えて下さったようですね。

幸運を大切になさって下さい

虚空蔵55様、みわ様

レースお疲れ様でした。

私のような凡人は、少しでもカルマが軽くなるように、ただ日々お祈りをさせていただくのに精一杯です。

ですが最近、波はあるのですが世の中の事、自分の事がどうでも良いと言いますか、興味があまりない状態になって無気力とは違うのですが妙な状態になってます。

エゴに振り回されているだけかも知れませんが…。

もしかして大アセンションの可能性が残された平行世界は、この世界のみになってしまったのかと、ふと思いました。


ありがとうございます。

2013年4月24日

虚空蔵55様、みわ様
ご苦労様です。
飽きっぽい自分が、日々お祈りをなんとか続けることができ、気がつくと心の中で唱えていたりする自分に驚いています。

今月には、伊勢神宮、熱田神宮、富士山に旅行することになり今から楽しみにしている所なのですが。

急にお見合いと言いますか、とにかく会って見なさいと女性を紹介されたのですが、休みの都合と別に無理してまで会ってみたいとは思わなかったので断ったのですが、もう約束してあるからと半ば無理やり予定を組まれ、もしかしたら会わさられるかもしれません。

自分としては、そんなに気の利いた事は喋れなく、相手に不愉快な思いをさせるのは申し訳ないので、どうしたものかと思っております。

皆様方がアセンションや覚醒の書き込みの中、私事で小さいな〜とは思ったのですがなるようになれです。

大アセンションで現状維持の方々は世界滅亡の後どうなるのでしょうか。

誰もいなくなった後、又新たに人類を下ろすのでしょうか。

すいません素朴な疑問です。

有難うございます。

2013年5月14日

回答7

確かにあなたはそういうことには向いてはいないようですね。

しかし決まってしまったことなら、これも経験と割り切ってチャレンジしてみるのもいいでしょう。

「大アセンションで現状維持の方々は世界滅亡の後どうなるのでしょうか。誰もいなくなった後、又新たに人類を下ろすのでしょうか」

これはこの後のご質問にお答えしている中で出て来ますので、簡単にお答えしておきます。

現状の地球に世界線上では、完全に滅びきってしまう（滅亡する）ということではなく、壊滅はしますが、そこからの復興もまたあることはあるのです。

しかしそれもまだ決定的なことではなく、確率の中にあることも事実です。

左の書き込みに「胸の奥底から何かこみ上げてくるものがあるのが本来の姿なのです」とありましたけれど、私の場合は甘酸っぱいような懐かしいような、求めて止まないような感覚だったのですが、これが恐らく薄いながらも統一の場に繋がるという感覚でしょうか。

私のお祈りも地球の役に立てばありがたいです。

有難うございます

2013年5月30日

虚空蔵55様、みわ様

ご苦労様です。

宇宙全史の初版をずっと探していたのですが、先日こちらの通販を見たところ初版が売り出されていたので早速買わせて頂きました。

ちょうど再販を読み終わったところなので、これから初版を読ませていただだいます。

プライベートの方でも色々なことが起き、心があちこちに揺れ動いていて、その度にお祈りをさせていただいていたのですが、だい様の質問に対する書き込みに「死を意識して物事にあたるということは、死ぬ覚悟を持ってやるということよ」「性根を据えて物事にあたりなさいよ、本腰の入れどころですよ」とありましたが、まさに地に足がついていない今の自分に言われているようでした。

本当に覚悟が全くなく、ただ流され、エゴに振り回されていることに気づかせて頂きました。

今更ですが性根を据えて頑張らせて頂きます。

有難うございます。

2013年7月1日

回答8

確かに以前「宇宙全史」の初版のことを書いたことがありました。

実はその後それについてあまり触れなかったのは、皆様方に「ものに執着する」という傾向を持っていただきたくなかったからです。

私は魔道士という側面も持つ存在です。

それ故様々な仕掛けや方法論を持っていますし、実際にすでに実行してもいます。

さすがに上の方たちから「待った」がかかるものもありますが、基本的に皆様の進化を促進するようなものは、すべて実行しています。

その1つが「宇宙全史」の初版本で、これは内容に関しては、やはり改訂のかかった再販本のほうが読みやすいと思いますが、極端に数の少なかった初版本には、得体のしれないエネルギーが入っているのです。そういうものを入れておきました。

ですから初版を読むというよりも「持っている」ということに意味があるのですが、それもやはりその方の意識状態によるのです。

ある一定の段階にある方や、その段階に入りつつある方にとっては、非常に強力なアイテムになると思います。

そもそもそういう段階にない方は、初版本を持っていながら自然とそれを手放してしまいます。そういうものなのです。

しかしこの情報ももう2度と書かないでしょう。

やはり「ものに執着する」という方向性を持つ方が多いというのも事実だからです。

必要な方には自然とそれが手に入るようになっています。

手に入れたい方は、それまでやるべきことはただ1つです

①

虚空蔵55様、みわ様

ご苦労様です。

こちらの更新がない最近まで、私自身色々なことがありましたが、以前知人から紹介していただいた女性と結婚を前提としたお付き合いをさせていただくことになりました。

ここ2ヶ月で本当に色々あり、その度に「今日自分が死んでも後悔しないように」とお祈りと共に頑張って参りました。

これから先どうなるかは分かりませんが、今のありえない現状に大変嬉しいながらも困惑しております。できれば彼女と一緒になれれば良いのですが、彼女の方が事故の後遺症で神経を痛め手術のトラウマがあるらしく多少のパニック障害を頑張って克服しているらしく、迷惑になるからと言っています。

私は、これからのお祈りを彼女が少しでも良くなるようにと思いながらお祈りをさせて頂きたいと思います。

有難うございます

2013年9月20日

②

虚空蔵55様、みわ様ご苦労様です。

あれから色々ありまして結局別れる事になりました。

ですが、短い期間でしたけど貴重な本当に夢のような時間でした。

本当に彼女には感謝ですし、守護霊様方にも感謝です。

同時に仕事の方でも変化がありまして、会社がM&Aされ名前が変わるようです。

業務自体は変わらないので良いのですが、何やらいきなり大きい会社になってしまうようです。

先日、新社長になる方が突然来たのですが前社長とは全く逆で物腰が柔らかく、丁寧な方だったので「怖い人だな」と思い、これから大変になるんだなと実感致しました。

何やら今年は色々なことがあり、休まる暇がないのですが。まだこれからも何やら起りそうな予感がしますが、頑張ってみます。

有難う御座います。

2013年10月26日

回答9

おっしゃるように彼女も随分「自分が迷惑をかけるのでは」という思いをお持ちでした。

でも本当にあなたにとっては貴重な経験でした。

本来がお坊さんのように生きるのが素(す)の方ですから、守護霊様の恩寵でしたね。

これからもまだまだ今生で経験しなければならないことがありますが、お祈りと共に安らかにお過ごし下さい

虚空蔵55様、みわ様
ご苦労様です。

お祈りをさせていただいている時に、地球と一体になり、尚且つ地球に懐かれているイメージでさせていただいているのですが、最近自分のお祈りが甘いと言いますか軽いということに気が付きました。

やはりまだまだ覚悟や真剣さが全く足りていないと気が付かせて頂きました。

今日、仕事から帰り、何気なく夜空を見上げたら、流れ星が見えたのですが。

自然に「世界人類が平和でありますように…」と言える自分がいました。

1年前の自分は何も言うことが出来ず、ただ眺めていた記憶があります。

少しづつですがお祈りが自分の中に染み込んできているのかなと思いました。

有難う御座います。

2013年11月5日

虚空蔵55様、みわ様

ご苦労様です。

SO&SO様もお忙しい中で、非公開情報の不在通知を教えて頂き有難うございます。

早速読ませて頂きましたが、お2人ともお怪我は大丈夫でしたでしょうか？

特にみわ様の大怪我の所で、私も数年前に脚立に上って電球を交換する時に、玄関の角に頭から落ちた時は死んだかなと思ったものでした。

難しい事や色々な思惑はさて置き、自分を救うのは自分であり。この世界（自分が認識している、自分が作り出している世界）を変える、救うのも自分しかできない事だから「救世主」は自分自身ですと言うことでよろしいのでしょうか？

そのために必要な事はもう既に私達に与えられているので、アセンションや地球の行く末よりもまずは自分を救いなさい、それが全てに繋がっていくのですよ。と言われている様な気がします。

有難うございます。

2013年11月19日

虚空蔵55様、みわ様

ご苦労様です。

会社が事業譲渡され2か月が経過しましたが、自分の部署は2割増しで急に成績を伸ばしております。

特に親会社から何を言われるでもなく、好きにやらせて頂いているのですが、逆にそれが良かったのか他のスタッフの協力もあり、何故か自分のいる部署の成績が異様に目立っているようです。

トップの方にも意見が有れば遠慮なく言って下さいと言われたので数字を使い説明や苦情を言えばしっかり聞いてもらえ、それに対しての答えがちゃんと返って来ます。

今までは本当に何だったんだろうという気持ちです。

朝、お祈りをさせて頂いている時、本当に数秒ですが地球は自分であり自分は地球あり他人も動植物も鉱物も自分であり、それでいて自分は無いと言う。言葉で表現するのは難しいのですが、そんな感覚を味わう事が本当に数秒ですが出来ました。

そして自分の感情を、時々客観的に観察している平常心の自分がいるといいますか、本来の自分がいる様な感覚が時々します。

今年も残すところあと僅かですが生きていること、生かされていることに感謝させて頂きます。有難う御座います。

2013年12月26日

虚空蔵55様、みわ様

ご苦労様です。

宇宙全史別巻楽しみにしています。

時期的に少し遅くなり、シリアルナンバーは戴けないと思ったのですが今回戴く事ができ有難う御座います。

どこかにシリアルナンバーについて書いてありましたが、詳しいことはまだ教えて頂いていないと思いますが多分色々な意味があるのかと思います。

残れる方の半分に入れるように頑張らせて頂きます。

有難う御座います。

2014年6月11日

虚空蔵55様、みわ様

ご苦労様です。

早速別巻を読ませて頂きました。

S氏からのメールと言う所でP・112ですが、名前がでてますが、S？さ行ではないので恐らく間違いではないでしょうか？

読み終わった後、お祈りをしていると違和感がずっとあり何故だろうと考えていたのですが、これから先滅んでいく人達の事が自分の中で小骨のように引っかかっていました。

私自身も、もしかしたらそちら側かもしれませんが、読み進めていくうちに、これが情だと気づき、情に流されず非情になってお祈りをすれば良い事に気づきました。

今月に入って頭痛と首の中の痛みがずっとあったのですが本を読み終わった後は何故か痛みも引いて良い状態です。

本を読み進めていきますとまともに働き、自由で楽しい会社以外は無くなるとありましたけど、それを考えると私の勤めている会社は間違いなく無くなるようです（誰もが認める超ブラックです）。

一匹狼みたいな感じで私自身好き勝手にやっているのですが、回り特に上の人達は従業員、お客様からエナルギーを物凄く吸い取っています。

私も吸い、吸い取られているのでしょうが必要以上のエネルギーは還元しようと思います。

更に頑張って行きます。

前に、お祈りは太陽が出ている時のみとおっしゃられていたのですが、反転したのでもしかしたら夜もお祈りをしても平気でしょうか？

反転関係ないかもしれませんが…

有難う御座います。

２０１４年6月27日

回答10

●「S氏からのメールと言う所でP．１１２ですが、名前がでてますが、S？さ行ではないので恐らく間違いではないでしょうか？」

○遠藤さんには申し訳なかったのですが、校正の段階でスルーしてしまったようです。
でも優しくて親切で本当に立派な方なので、太極拳を習いたい方にはお勧めですので、入門されてはいかがでしょうか…ただし彼が受け付けていればですが

●「前に、お祈りは太陽が出ている時のみとおっしゃられていたのですが、反転したのでもしかしたら夜もお祈りをしても平気でしょうか？」

○大丈夫なようですよ。
ただし夜ならば月の見えるときだけにしてください。
曇りの夜はまだやめておいた方が無難です

虚空蔵55様、みわ様

ご苦労様です。

スーパームーン見ることが出来ました。
お月様を見た後は体中がジンジンして、頭も物凄い圧力を感じる事が出来、中々寝付くことが出来ませんでした。

最近、髪の毛や爪が伸びるのが早くなり切るのが忙しいです。
夜のお祈りも中々晴れている日がなく残念です。
非公開情報の出版をお待ちしています。
有難う御座います。

2014年9月10日

虚空蔵55様、みわ様

お疲れ様です。

最近、友人から今いる会社からこっちに来ないかと誘われています。職種は同じなので、おそらく年収は倍近くになるのですが、拘束時間が15時間位になり転勤も多く通えない距離の場合もありその場合は社宅になり私自身は自宅にいるのでその間空き家になってしまいます。かなり熱心に進めてきていて電話があった当日に上役がこれから会いたいと言ってきましたので慌てて都合が付かないので2，3日中に返答すると答えました。

今の職場でも一人で生活する分には困らないので断ろうと思いましたがコイントスをしてみて3回とも転職しなさいとでて物凄く驚いています。（コインを投げて気休め程度の参考で表、裏で占いをたまにしています）

今まで3回とも同じ結果が出ることは無かったので物凄く怪しいと私自身は思っているのですが、引っかかるところがありやはり断ろうと思っています。

恐らく人生の分岐点ではと思いそれでも…。と堂々巡りに悩んでいます。

決めるのは自分なのですが…

この様などうしょもない事を書いて申し訳ありません。

五井先生にすがってみたいと思います。
有難う御座います。
2014年10月15日

回答十一

本当に五井先生におすがりになるのなら、
「すべて五井先生にお任せします」
と唱えて、それから再度コイントスをやってみて下さい。
コイントスは同じく2回です。
その結果をまたお知らせください
あなたの五井先生への信託が試されています

虚空蔵55
（他にもお答えすべきメールがたまっていますが、ＡＱＵＡさんへの返信がギリギリでしたのでお応えしました）

虚空蔵55様、みわ様

お疲れ様です。

大変お忙しい中ご返答有難う御座います。

前回質問させて頂いた時は、何故か本当に混乱していまして一晩中お祈りをさせて頂き、みっともないくらいに五井先生にすがっていました。

こちらに質問をさせて頂く時も何度もお祈りをしながらエンターキーを押しました。

そして、朝のお祈りを終えて仕事に向かう途中、朝日を浴びながら「あ～答えは初めから出ていたんだ」と気づきました。

行きたかったら自分は即答していたと。その瞬間迷いは無くなりもう未練も無くなりました。

友人への返答の時間がすぐだったので、虚空蔵55様からのご返答を拝見させて頂いたのは断りの電話を入れた後でしたけど五井先生への信託が試されているとのことでもう1度コイントスをさせて頂きました。

1回目　何故か指で挟んでしまい表でも裏でもなく真ん中
2回目　表
3回目　裏
でした。

コインを落とすことはあっても指で挟む事は初めてで物凄く緊張していたので心を鎮めお祈りをして本来はいけないのですが結果がでていないのでもう1回させて頂くと3回とも裏が出ました。

ちなみに表が転職、裏が現状維持です。

3回連続で裏面が出るのは初めてでして、改めて断ったのは間違いでは無かったと実感しました。

1度で出れば良かったのですが、全然足りていないと改めて実感いたしました。

これからも頑張らせて頂きます。

守護霊様、守護神様、五井先生有難う御座います。

2014年10月18日

回答十二

正解が出ていましたね。

私たちは完全覚醒するまでは、どこまでも不完全で幼い段階の人間にすぎません。

それでもその中で懸命にもがき苦しみながらも、五井先生におすがりできる幸運が与えられていることを感謝していきましょう。

余計なことですが、転職していたら生活が忙殺されて、心がなくなってしまっていましたよ。

でもあの質問があった時、すでにあなたの中では答えがあったのですが、そのお答えがあなたから来るとは少し驚きました。

よく頑張りましたね

虚空蔵55様、みわ様

お疲れ様です。

大変お忙しい中、有難う御座いました。

あの時は本当に、心ここにあらずでどうにもならなくて藁にもすがる思いでした。

自分が押しつぶされると言うか、塗り替えられる様な感覚にとても驚きまともな判断が難しい状態でした。

ただ転職の話をされただけなのに何故？

と、ただひたすらお祈りをさせて頂きました。

今は、何故あんなに混乱していたのだろうという気持ちと、ただ五井先生に感謝の気持ちでいっぱいです。

本当にお忙しい中ありがとうございました。

これからも頑張らせて頂きます。

有難う御座います。

2014年10月19日

非公開情報7、先日申込みさせて頂きました。

届くのを楽しみにさせて頂きます。


今日は、仕事帰りの車の中で、かなり大きい流れ星？火球？を見ることが出来、消える前に世界平和の祈りを唱えることが出来ました。


最近、出勤中の車の中で朝日に今日も生かされている感謝の気持ちでお祈りをさせて頂いている中、物凄く当たり前な事ですが、太陽の陽に自分自身が自分の周りが照らされていると初めて実感致しました。

本当に生かされていると実感することが出来、嬉しく又感謝の気持ちでお祈りをさせて頂きました。


実生活では、彼女と上手くいってなくて、もうこのまま1人でもよいかなと最近思い始めています。

世界がとか日本がとかはよくわかりませんが、自分の回りがどんどん変わっていくのが実感できます。

「小物同士の喰い合い」が自分の回りでも起こっていて、ついに始まったと実感しています。

これからもお祈りと共に、私自身弱い人間なのでいつも縋ってばかりで申し訳ないのですが、頑張って生きます。

有難う御座います。

2014年11月18日

虚空蔵55様、みわ様
お疲れ様です。

本日、非公開情報が届きました。

本当は21日に来ていたのですが私が不在通知に気づいてなかったり、運送業者の手違い等でやっと手元に届きました。

身体能力の向上の件で思い出したのですが、私も経験があります。

小学校の頃忘れ物を家に取りに行くとき、まるで重力を感じずピョンピョンと物凄い速さで家に帰った記憶があります。

忘れ物を持ち学校に戻る時も無理かなと思ったのですがやはり物凄い速さで戻ることが出来、しかも全く疲れが無いのでびっくりした記憶があります。

往復誰にも、車にも合わなかったので変な子と思われなくて良かったと思いつつマラソン大会は優勝だ！と思ったものですがあれっきりあんなに早く走る事はできなくなりました。

思えばあの頃は雨を降らせたり、超能力？ではないと思いますが紙を手を使わずに折ったり出来ましたが、今は全くできません。

そういう事が世の中の常識としてはみ出しているんだとやらなくなったし、やってはいけないと思うようになったからだと思っていました。

今考えてもかなり変な子供だったと思います。

まだ、読んでいる途中ですがこれからも頑張って生きたいと思います。

ありがとうございます。

２０１４年11月23日

非公開情報7を読み終えました。

私たちは籠の中の鳥のような存在で本来の自由が全くなく、ただ搾取されその中でしか生きていくしかなかったという事に改めて思い知りました。

宇宙全史に出会えていなければ恐らく今頃は辛い生き方をしていたと思います。

東日本大震災の1年近く前から足に振動と言いますか気らしきものを感じていたのですが、地震の後収まってきたかなと思ったものが又最近感じられるようになってきました。ついに始まるのかな?と言うかもう始まっているのでしょうが、お祈りと共に生きたいと思います。

明日は、亡き妻の命日ですが、今思い返してみてもあの頃はめちゃくちゃで、両親の離婚や自身の離婚騒動など色々な事がいっぺんに出てきて生活がぐちゃぐちゃでした。自身が至らない事は分かっているのですが、あの当時はあれが自分にできる事の限界で、又あの時自分が後悔しない選択をしてきました。

守護霊様からあまり自分を責めないでと言われましたけど、やはり奥底ではずっと自分のせいだと今も思っていると思います。いえ許してはいけないと思っているはずです。

自分を許すのは自分なので、自分にもういいんだよと言うのも何か変ですが、その絡まった鎖と重石をいい加減取り除いてあげ、ほんの少しでも自分を自由にしてあげたいと思います。

有難う御座います。

2014年12月7日

虚空蔵55様、みわ様

お疲れ様です。

冬至も終わり。今朝は物凄く体が軽く感じられました。

これがこちらでおっしゃっていた影響なのかなと思いながらも朝のお祈りをさせて頂いている時も、何かいつもと違う感じがします。

通勤の車の中から見るいつもの風景がやけにはっきり見え、こんなにも変わる物かとしみじみ信号待ちの車の中でいつも通りなのにいつもと違う景色を眺めながら仕事に向かいました。

まだまだプロローグですが頑張って生きたいと思います。

有難う御座います。

2014年12月23日

回答十三

始まりましたね。

まんだらけの役員の1人などは、昨日からすでに「今なら何でもできるような気がします」と、スーパーサイヤ人になったような感じでピョンピョン飛び跳ねていましたよ。

良かったですね

虚空蔵55様、みわ様

お疲れ様です。

今日、夢の中で世界平和の祈りをさせて頂きました。

何故か亡くなった叔父さんが居まして、その隣で仏壇に手を合わせてお祈りをしました。
私もようやく五井先生に連なる末席のその又3軍のルーキー位にしがみ付ければ大変嬉しいです。

ちゃんとしたお祈りをしている時は、大抵家の中でさせて頂いているのですが、お祈りをしている時は必ず家のどこかから「ピシッ！」と木が割れるような音がするのですが、これは何か私のお祈りの仕方が間違っているのでしょうか？

そのうち家が倒壊したら嫌だなと思うのですが、それとも何かのメッセージなのでしょうか？

お手が空いた時にでもご教授頂ければ幸いです。

有難う御座います。

２０１４年12月27日

回答十四

ピシッという音は放置しておいていいですよ。

これは不浄化霊が鳴らしているものです。
恐かったら「ああ、不浄化の霊が浄化されている」と思ってお祈りをしていればいいのです。
徳を積むことになりますので、そのまま平静にお続けください

①2015年1月7日
虚空蔵55様、みわ様

ご苦労様です。

ご指導有難う御座います。

不浄化霊ですか…
多分どこにでもいるんでしょうし、あまり良い感じはしていませんでしたけど、そんなアピールはしてほ

しくないと言うのが本音です。

怖いか怖くないかと聞かれれば怖いのですが、こちらにお返事を頂いたら更に不浄化霊は頑張っているらしく、お祈りの時はパソコンや机など色々な所から音がしてます。

又呼吸が出来なくなると困るので自分自身が落ち着くまで夜のお祈りは控えようと思います。

有難う御座います。

②2015年1月12日
虚空蔵55様、みわ様

ご苦労様です。

あれから虚空蔵55様や皆様の書き込みを何度も読み直し、この音は自分の平常心を養うためのものだと思い。惑わされず又自ら恐怖と言う雰囲気を作らないようにしっかりお祈りをさせて頂きます。

今、エネルギーを貯めるために頑張っているのですが、そうしていると世の中の意味のなさや自分自身が空っぽでただエゴのままに生きていた事が実感できます。

そして、エゴに振り回され、エゴのままに生きていたと今実感しています。

今まで無意味な人生でしたが、これからはお祈りと共に生きていければとおもいます。

有難う御座います。

回答十五

①のメールが来たときは「中々難しいのかな…（陰始の思うつぼだなあ」と思いましたが、②のメールで「やれやれ」でした。

●「今、エネルギーを貯めるために頑張っているのですが」

○エネルギーを貯める最上の方法は、「祈り」と「平静さ」です。
それを奪うためなら陰始は何でもしてきます。
（それをやられると陰始には死活問題なのです）

負けないように

虚空蔵55様、みわ様

ご苦労様です。

ガンガン音がしますが気にせずお祈りをさせて頂いています。

お祈りをしていて最近思ったのですが、去年位までは10回お祈りをさせて頂いていますと物凄く嫌になってきまして、そこから何回できるかチャレンジしていたのですが、今年になってから30回でも40回でも問題なくお祈りができる事に驚いており、これも冬至の効果なんだと実感しています。

世間のニュースや自分自身に降りかかる事が全部ではないでしょうが陰始に繋がっていると何となく実感できます。

非公開情報で書かれていることは自分自身の事でもあり社会全体がそのようになっていると何となくですが実感しました。

今日、昔の同僚が亡くなっていて死後10日以上経って発見されました。

その時の人が亡くなった時の独特の雰囲気や自分自身の情がはっきり分かり、こうしてエネルギーが取られていくのかと分かり非情になるという事、情に流されないようにするということを学ばせて頂きました。

本当に色々な方達に守られ、生かされ、こちらにご縁を持たせて頂き有難う御座います。

昔から自分の店を持つという夢があったのですが、もう今はそれに興味は殆ど無くなっています。

覚醒とまでは言いませんが、少しでも近づければ良いかなと残り頑張って行こうと思います。

有難う御座います。

2015年1月18日

お疲れ様です。

皆様方の書き込みやお答えを読ませて頂いて覚悟の足りなさを思い知りました。

どうしたら恐怖心と向かい合えるかと考え、とにかく肝を据えようと思い、腹だから取り敢えず丹田を意識して気合で守護霊様方に届くようにお祈りをさせて頂いています。

今までの自分は、必死さが足りなかったと思い積極的なお祈りをさせて頂いています。

必死なので音に構っている余裕が無いのでただ鳴っているな～の感覚になりました。

ただ、丹田を意識しながらお祈りをしますと尾てい骨の振動と多分チャクラだと思うのですが。ガンガン動いているのが分かり今度はそっちが気になってしまいますがもう怖いという気持ちは殆どなくなりました。

これからも頑張らせて頂きます。

有難う御座います。

２０１５年２月６日

虚空蔵55様、みわ様

ご苦労様です。

今日は初めて瞑想状態を体験しました。

ただひたすらお祈りをさせて頂いていると、周りの音が気にならなくなり自分がここにいるのもあやふやで、夢の中にいるのに意識はあり、尚且つちゃんとお祈りを唱えていました。

電話の音で我に返ったのですが、見ていた物や聞こえていた声はその瞬間に忘れてしまったらしく、思い出せません。

また明日チャレンジしてみます。


やっと冬休みが取れたので、先日だい様のお店に行かせて頂きました。

本当は、春ごろがいいかなと思っていたのですが、何故は直ぐに行かなければという衝動に駆られまして施術を受けさせて頂きました。

恥かしいのでハンドルネームを名乗る気はなかったのですが、何故かばれてしまい自分自身大した人間ではないので大変恐縮してしまいました。

だい様から、「あまり考え過ぎず、心の壁を取り除いた方が良いですよ」という言葉に、これを聞くためにこちらに着させて頂いたんだと思いました。

実際に壁を壊しながらお祈りをさせて頂くと声が聞こえたり（名前を呼んでる位ですが）景色が見えたりしますし怪しい音も守られている様で全く怖くありません。

ただ気になることがありまして、だい様から施術を受けている時に自分が上も下も全て真っ白な世界に居まして。その真っ白な世界に金枠の窓があり、そこから金髪の白いワンピースの女性が右手を上げていたのですが、自分はそれを横から見ていたので髪の毛で顔が見えず、どう見ても手を振ってる先は真っ白で何もないので取り敢えずどんな人か見てみようと正面に行くときに、ふとここで美人だったらお約束だけど黄金バットみたいな骸骨だったらすごいなぁ～などと思い正面に回ったら黄金バットでしかも窓の内がおどろおどろしいものになっていて「やっぱりなし！　チェンジで！」と思っていたら施術の痛みで起こされてしまいました。

だい様に何か見えましたか？　と聞かれましたが流石に金髪の黄金バット、しかも白のワンピースとは言えず、「何も見えませんでした」と言うしかありませんでした。（だい様、ごめんなさい）

自分がそう思った瞬間、女性と背景にノイズが走り変わったのは見えたので、何でここで面白要素を入れようとした自分がいたのか不思議です。

また明日からも頑張らせて頂きます。

有難う御座います。

2015年2月11日

回答十六

●「正面に回ったら黄金バットで」

○これは浅い夢見状態でのあなたの恣意が入っているものですからそんなに深刻に考えることはありません。
つまり「あああれがどくろの顔だったらいやだな、いやだなあ」と思っている部分がそのまま反映しています。

それは浅い状態での不透明な意思がそのまま反映した状態ですので、放置していいのですが、もっと深いところまで到達しますと、陰始の罠の中にはまり込んでいきます。

しかしまだ当分大丈夫ですので「意志を強く持つ」ということ、注意力を次第に深めていくということを意識していればＯＫです。

あなたは割と猜疑心が強い方なので「そんなにうまくいくわけがない」くらいの思いがこの夢見を形作っています。

素直に美女だと思っていれば、きっと黄金バットは美女で楽しめたでしょうね。

現象界もあの世（夢見の世界です）もすべては「注意力」の問題です。

カスタネダはそれを第一の注意力、第2の注意力と表現しましたが、要は「注意力」なのです。

今の浅い段階を突き詰めていくと次第に深いところに入っていきます。

その時大事なのは「自分がコントロールしている」ということを自覚するということです。

「自分の意志を強く持つ」くどいようですがそれは一番です。

すべては自分の反映だということ（それが世界は自分が造っているということでもあるのですが）を忘れないで下さい

虚空蔵55様、みわ様

ご苦労様です。

1年位前から、今住んでいる家を売りに出していたのですが。ここ2週間くらい前から売るのは止めてリフォームしてここに住もうという気持ちになり、業者さんを呼んで見積もりを取ったりと少し忙しくなっています。

1人暮らしなので特に現状で不便はないのですが、自分自身のけじめとして、過去を振り切る意味も込めてリフォームをして2人の家を自分の家にしようかと思っています。

そんなことをしましたらここ3、4日全身が謎の筋肉痛に襲われていまして何かの妨害かな?とも思ったのですが、別に私を妨害しても何もないのでただの運動不足?かと放置していますが、それともリフォームしてはいけないと言うメッセージかとも思ったのですが、いつもこのような事ばかりで申し訳ありませんがお答えを頂けたら幸いです。

ちなみに今は脇腹とももが結構きてます。

有難う御座います

2015年2月19日

回答十七

●「そんなことをしましたらここ3、4日全身が謎の筋肉痛に襲われていまして」

〇全く心配いりません。

単純に寝違えや緊張がちょっと身体に反映しただけです。

確かに運動不足も少しあるのですが…身体をほぐすような簡単なエクササイズはやった方がいいかもしれませんね。

あなたの守護霊様からです

「色々シンプルになればいいじゃない」

なお家のリフォームですが、それはそれでOKですよ

虚空蔵55様、みわ様

ご苦労様です。

みな皆様方の書き込みなどを読みながら思ったのですが。

現在、家の工事が予定の期間の倍以上掛かっていますが。もしかしたらこうなる様になっているような気がしてなりません。

あまりにもす進まない工事にイライラして、そのたびにお祈りをさせていただき平常心を心がけているのですが、最近これがカルマの解消なのかなと思うようになりました。

守護霊様の憤りをなくしなさいと言う言葉が胸に染みます。

普段の生活や仕事でも、ちょっとした事で感情が揺れ動いている時に五井先生におすがりしてお祈りをさせていただいている自分がいます。

本当に大切なのは普段の生活においての平常心であり又それが大変である事を実感しました。

チャクラの事を読ませて頂いても「凄いなぁー」と妙に平淡で、少し前の自分でしたら羨望や嫉妬心、自己嫌悪でエゴ丸出しでしたが、お祈りのお蔭かまったく気にならなく、頑張ればそのうちたどり着ければ良いな~位で終わっている自分に驚いています。

朝、水田に映るそれほど大きくない山を見ていたら。不意に亡くなった妻の事と以前に常に近くにいると言われたことを思いだし、もしかしたら私が離したくなくてしがみついているのではないかと思い「ごめんね、ありがとう、もう大丈夫だよ」と。届くか分かりませんが呟いていました。

ありがとうございます。

２０１５年６月１０日

虚空蔵55様、みわ様

いつも有難う御座います。

腰痛は３日位で痛みも引いたのですが、足の痛みがずっとあり、我慢できない痛みではないのでそのままにしていたのですが、ふと最近妙にバランスが良くなったようです。

靴下を脱ぐ時にふらついていたのが無くなり片足でバランスが取れるようになっていました。

肉体が少しずつ変わってきているのかなと驚いています。

最近お祈りの時に体が熱くなり、腕や足が泡立つ様なと言いますか剣山でチクチクされているような感じがあるのですが、これも肉体の変化なのでしょうか。

世の中を見ていますと、こちらで警告している事がかなり前倒しで起きているような気がします。

有難う御座います。

２０１５年８月29日

虚空蔵55様、みわ様

いつもありがとうございます。

宇宙全史や非公開情報を読んでいますと、そのたびに新しい気付きがあり、そして実生活においても自分自身の感情や思考に気づきがあり、自分自身の未熟さや幼さ愚かさに辟易しながらも頑張っています。

最近色々な事があるのですが、本当にどうでもよくなってきていまして、特に仕事は糧を得る手段と割り切ってやるべきことだけをやると言うスタンスでいますと、他の人達が何を言ってきましても殆ど気にならなくなってしまいました。

非公開情報に書かれていました魂の転生の真実も、前の自分でしたらかなりのショックでしたが何故かあっさりと受け入れていました。

それが良い方向なのか悪い方向なのかは分かりませんが、自分自身に違和感がないので悪くはないのかなと思っています。

ここ半月程体に違和感があり、疲れているのかと注意していたのですが、重たい物を持つときに腰を痛めてしまいました。その時も一応注意していたのですがどうやら足りなかったらしく、その日はもう仕事どころではなくなってしまいました。

1日経って大分落ち着きましたが、このことで健康の大切さを思い知りました。

ありがとうございます。

2015年8月14日

回答十八

「仕事は糧を得る手段と割り切ってやるべきことだけをやると言うスタンス」

●もちろん仕事は糧を得る手段ですが、そこに喜びがなければそれはあなたの仕事ではありません

虚空蔵55様、みわ様

いつも有難う御座います。

「もちろん仕事は糧を得る手段ですが、そこに喜びがなければそれはあなたの仕事ではありません」

確かにそうだと思います。

今、させて頂いている仕事が大好きなんです。

好きで頑張って結果を出して、お客様に喜んで頂き、会社も伸びていくのを見てそしてその中に自分もいさせていただけるのがとても嬉しいです。

確かに理不尽やありえない指示もありますが、そこをかいくぐり、そのルールのなかで自分の全力を出して今自分のできる事をさせて頂いています。

あまり器用な生き方が出来なく貧乏くじばかり引いているのですが、今はそれも貴重な経験だったなと思っています。

有難う御座います。

2015年8月31日

回答十九

「今、させて頂いている仕事が大好きなんです」

●それはよかったですね。

ならばそこに「感謝」があるはずです。

そこに感謝があればNo.2530の「仕事は糧を得る手段と割り切る」という言葉は出て来ないかも知れませんね。

生かされている感謝、好きな仕事に就かしていただいている感謝…

本当の祈りはそのすべてをフォローしてくださいます

虚空蔵55様、みわ様

いつも有難う御座います。

おっしゃられていた通り自分自身、増長していました。
感謝の気持ちがなかったと反省し本日から実践させて頂きました。
そうすると、また違った視点から作業が出来、新たな発見や目標が出来ました。
おかげさまで、また自分の至らなさを自覚することができました。
まだまだ未熟な私ですがお祈りと共に頑張っていきます。
有難う御座います。

2015年9月5日

虚空蔵55様、みわ様

いつもありがとうございます。

私は、遅めの夏休みをいただきまして母親の実家にお墓参りに行っています。

場所が非公開情報にもあった、なまはげで知られている秋田県なのですが、数年ぶりに行ってみて随分と閑散として寂しくなってしまったなというのが率直な感想でした。

もうだいぶ前に亡くなった叔父さんが色々ありまして、龍神が見えたり病気なども治すことが出来たりしまして凄い人だなぁ~と子供の頃は思っていましたけど、自分の病気は治せなかったみたいで亡くなってしまいました。

子供の頃にカブトムシやクワガタを一緒に採りにつれて行ってくれた思い出があり、面倒見の良い叔父さんでした。

色々と昔の事を思い出しましたが多分もう来ることは出来ないかもしれないと思いますが、墓前でせめてお祈りをさせていただきました。

ありがとうございます。

２０１５年９月９日

虚空蔵55様、みわ様

いつも有難うございます。

右のスバル様への返答を読ませて頂き、自分の愚かさを知ることが出来ました。
そして、お祈りをさせて頂く真剣さやもう五井先生にすがるしかないという事を改めて思い知りました。
他の方々の様に難しい事は私には書けないので、どうしても自分のレベルに落とした事を書かせて頂いています。
自分の事で手一杯でとても人類全体の事までは考える事が難しいのですが、真剣にお祈りをさせて頂きます。

有難う御座います。

２０１５年９月17日

虚空蔵55様、みわ様

いつも有難う御座います。

先日、会社の上司が心臓発作で亡くなりました。

地球が反転してから丸くなったと言いますか弱弱しくなり、エネルギーがないんだろうなとは思っていたのですが、突然の訃報に驚くと同時に浄化が始まっているんだなと思いました。

今日は、久しぶりに夢を覚えていまして。自宅の窓から外を見たら犬が気持ち良さげに寝ていたと言う夢だったのですが、自分の生き方を守護霊様や守護神様はかなり歯がゆく見ているのかなと今日1日思ったりもしていました。

有難う御座います。

2015年11月11日

虚空蔵55様、みわ様

いつも有難う御座います。

12月に入ってから、すり傷と切り傷が薬を塗っても化膿してしまい、慌てて病院に行ったのですが中々良くならなく。大きい病院を紹介すると言われているところで、口内炎で10日ほど食事が殆ど出来ず、どうしたものかと思っているところで風邪をひいてしまい、これはちょっとまずいかなと思っていたのですが、冬至を境に何とか良くなってきました。

年末の忙しい時期を、何とか乗り越えられるかなとホッとしていましたら、昨日から背中が猛烈に痛くなり、動くもの痛みを我慢しながらでしたが、今はそれほどの痛みは無くなりました。

なるべく一日中お祈りをさせて頂いているのですが、おかげさまでこの程度で済んで守護霊様、守護神様、五井先生に感謝です。

ここ数年、何度か死にかける事もありましたけど、まだ私にはお祈りが残されている事に気付く事が出来ました。

有難う御座います。

2015年12月24日

虚空蔵55様、みわ様

いつも有難う御座います。

そして、虚空蔵55様、覚醒おめでとうございます。

節分を過ぎ私自身も内面の変化があり、エゴをなくそうと頑張っております。

年が明けてから宇宙全史やこちらの書き込みを読み返しておりますが、常に同じ事をずっとおっしゃっており、それが全く見えていない盲目な自分に情けなくなります。

何度読み返しても新たな発見や課題があり、まだ入り口にも入っていないかと痛感しています。

今日は「足るを知る」を知ることができ、自分の生き方の課題を発見しました。エゴに振り回されている自分には中々大変な課題ですが、頑張ってみたいです。

こちらにご縁を持たせて頂いた初めの頃、自分の前世や天命をお聞きさせて頂いたのですが、まだ教えて頂く事は出来ず、もっと時間を置きなさいとおっしゃっておりましたが、やっぱりまだ無理でしょうか？

有難う御座います。

２０１６年2月16日

虚空蔵55様、みわ様

いつも有難う御座います。

ここ最近調子が悪くずっと頭痛が続いています。

書き込みを拝見させて頂いたら更新されていて、頑張りが足りずとうとう東海地震が来てしまうようですが、頭がクラクラしているせいか深刻にならずにすんでいます。

お祈りをさせて頂き、ここ最近やっと自分のエゴが分かるようになってきました。

これをどこまで薄くできるかこれからも頑張ります。

有難う御座います。

2016年5月29日

虚空蔵55様、みわ様いつも有難う御座います。

お祈りの中で生活していますと、気づこうとしなかった自分のエゴをまざまざと見せつけられます。

それでも、ただ常にお祈りの中で五井先生にすがるしかないのですが、どこかで覚醒に至っていない人生はすべて無意味と言うようなことが書かれていたと思いますが、本当に自分の人生が無意味だと実感するとともに本当に自分はこの世界が大好きで、欲望と執着を大事に抱えていて、本当に意味のない生き方を大切な物だと信じている事になすすべもなく、ただお祈りの中で生きるしかないのかなと思っています。

先日、山の方を見ていましたら、鳳凰みたいな形で、山の頂上から翼を広げ飛び立つ感じのかなり大きな雲を感動して見ていたのですが、今日も同じ雲が山の頂上から見ることが出来ました。

何を意味するかは分かりませんが、しっかりをお祈りは欠かさずに頑張って生きます。

有難う御座います。

2016年8月20日

回答二十

「どこかで覚醒に至っていない人生はすべて無意味と言うようなことが書かれていたと思いますが、本当に自分の人生が無意味だと実感するとともに本当に自分はこの世界が大好きで、欲望と執着を大事に抱えていて、本当に意味のない生き方を大切な物だと信じている事になすすべもなく、ただお祈りの中で生きるしかないのかなと思っています」

●その通りです。

それでもそれを自覚していることは非常に大事で、すべての欲望を滅却しなさいとはいいませんが、縮小していく方向性を常に選択することはある意味大切なことなのです。

この「ある意味」というのは、覚醒を目指すか目指さないかというところですが、エゴを薄くしていくという事は覚醒云々の前に「陰始に支配されてしまう」かどうかという部分に大きく関わって来ています。

全くエゴをなくすという事は言いませんが、それでも陰始の支配を受けないくらい、影響を受けないくらいにはエゴを薄くしていった方が生き易くなることは間違いがないのです。

その上で（支配されなくなって）エネルギーが貯まっていきますと、覚醒を目指すのも、自分の好きなことで自由に生きることも選択ができる境涯に上っていけるのです。

「先日、山の方を見ていましたら、鳳凰みたいな形で、山の頂上から翼を広げ飛び立つ感じのかなり大きな雲を感動して見ていたのですが、今日も同じ雲が山の頂上から見ることが出来ました」

●あなたはやはりここにある程度関わっておられますので、宇宙全史のワークが一段階変化したのを感知しておられます。

他のもそういう方はおられるはずで、やがて新たな情報がここでもたらされる様になるかも知れません。

（欲望には物質世界に執着する欲望と、そこにはこだわらない欲望があります。物質世界にこだわる欲望はやはり生き方に重いものをもたらします。しかしそこにこだわらない生き方に喜びを見出せる方は一段と高い境涯を望めるようです。

前にここで私の最も大きな欲望は「創造すること」と書きました。その「創造」には地上のあらゆる欲望にも絡んでくるのです。

例えばセックスには、

①子供をつくる
②快楽を得る
③男女の愛を高める
④その他

と色々ありますが、肉体本来の目的は①ですが、②の肉体の快楽にとどまるか、③を目指すか、あるいは（これはちょっと危険なのですが）④のタントラ術のような高度な目的でセックスを高次元の創造に供するかは人それぞれなのです。

このようにセックス1つとってもその有り様は様々で、あらゆる欲望は滅却するだけではなく、より高度な精妙な目的に供することも出来るのです。

そしてそのベクトルがエゴを薄くしていくことは確かなのです）

虚空蔵55様、みわ様

いつも有難う御座います。

只今非公開情報を心待ちにしています。

月の頭に、四国と和歌山に旅行に行って来ました。

地震の事もあったので北海道と悩んでいたのですが、五井先生にお聞きしたら四国と出たので予定を組んで行ったのですが、また今年も台風に当たりまた今年も運良く行く所では殆ど雨が降らず唯一高野山だけが小雨が降っただけでした。

宿でニュースを見ていましたら、台風で北海道が凄い事になっていまして大変驚きました。

この様な些事をお聞きするのは心苦しかったのですが、お陰様で無事に楽しむことができ感謝致します。

有難う御座います

2016年9月23日

虚空蔵55様、みわ様

いつも有難うございます。

ここ3ヶ月お祈りでずっと自分の中のエゴを薄くしようと頑張っていました。

それと言うのも、会社で私たちの部門の中から一人部門長を決めると言われやってみたいなと思ったり、やりたくないと思ったり。それはもう物凄い勢いで色々な思いが自分の中で渦巻いて、そのたびにお祈りで平静さを取り戻していました。

ところが先日朝のお祈りをしている時に、そんな自分のエゴがギュッと丸まり、それを眺めながら五井先生にお任せすれば良いんだと思ったら、スッとその黒い玉は無くなりました。

そうしたら「いや-修業になるなぁー（棒読み）」という声が聴こえ何故棒読み？　と笑ってしまうという事がありました。

それから本当に出世の事は興味が無くなり、お祈りも凄く軽くなりました。

部屋のラップ音も気が付いたら聞こえなくなったと言うか、忘れていて最近になってそういえば聴こえなくなったなぁ～という感じです。

まだまだですが頑張って行きます
有難うございます。
２０１５年10年25日

虚空蔵55様、みわ様

いつもありがとうございます。

本年も宜しくお願い致します。

最近瞑想をしていますと喉の辺りがグワングワンとなっていて喉のチャクラは結構ハードに動くものなんだなと感動しています。

それと同時に頭頂の辺りが違和感と言いますか、何か乗っかっている感覚があるのですが、気にしなくても大丈夫でしょうか？

頭頂を意識しますと頭頂から頭の中、喉、そして胸から下まで繋がって行こうとする感覚があるのですが、特に嫌悪感はないのでそのままお祈りをしています。

非公開情報楽しみに待ってます。
ありがとうございます。

2017年1月4日

回答二十一

あまり気になさらなくて大丈夫です

いつもありがとうございます。

最近職場で移動がありまして一番売り上げの多い店舗に移動になったため急に忙しい日々を送っています。

回りにはナンバーワンだねとか言われ、一瞬自分自身の慢心のエゴが出たのですが不思議とそのエゴを傍観することが出来、お祈りで五井先生に預けることが出来た自分に驚いています。

ただまだ忙しさに慣れていないせいか仕事に集中し過ぎてお祈りが疎かになってしまいます。

今まではお祈りをしながらでも仕事をこなせていたのですが、今は気が付くと2～3時間経ってします。

もう少し慣れればお祈りの中で仕事もできるようになれると思います。

新年早々新たな課題を頂けたことを守護霊様、守護神様、五井先生に感謝いたします。

有難う御座います。

２０１７年2月4日

ＪＵＭＵとの交信

ＡＳＩＡＮ

はじめまして。ついさっき宇宙全史を読み終わりました。この本とサイトは母から紹介してもらいました。
何度か読み返さないとな　と思っています。

読んでいてよく出てくるＪＵＭＵという組織、この本を読む前に聞いたことがありました。

最近私には彼氏ができました。彼はカンが強く、色々なことをあてて行きます。その力が強くなったときにＪＵＭＵと交信をするんです（ぼそっと『ＪＵＭＵ』といっていたのを聞いただけで私がＪＵＭＵと話しているのかと質問をしたことはありません。）

彼は自信家で、仕事もうまくいっています。

私は（交信中の）彼曰く『レベルが低い』『俺の言うことを聞け　俺は君の教育係』と言います。かなり我が強い二人なのですが、彼はＪＵＭＵを信頼しており、私はそんな力がないので彼の力が本物かすら見抜けず、色々なアドバイスを受けて、自分で考えた結果を出す前に彼にせかされている状態です

昔からお世話になっている占い師さん（霊感系）の方に相談をしているのですが　彼は彼女と私が仲よくしているのをよしと思っていなく、彼女といると彼の念がよく飛んできてしまいます（占い師さんといるの

でわかるのですが）彼女は『彼といて精神世界にどっぷりつからないように。入ってもすぐに戻ってこられるように。私の守護霊も今回はなにも言わない。見極めなさい』と言っていましたＪＵＭＵと交信していたのかは分からないのですがあるとき彼はとてもレベルが高い人間だ　と言われたようです。

わたしも彼を尊敬している部分はあるのですが、宇宙全史を読んで、ＪＵＭＵにもいろいろな派閥があると聞きました。最近は使いすぎたようで体に支障がでたり、力も弱まっているようです。

見極めろ　と言われてもどのような行動をとればいいのか私にはさっぱり、な部分もありますし、そのＪＵＭＵがどのような意思で彼を動かそうとしているのか、信じられない部分もあります。

虚空蔵さま、みわさま、力を貸していただけないでしょうか。

2010年1年13日

回答1

調べてみました。

ＪＵＭＵ（「宇宙全史」第一巻参照）という名称は「今まで人類が求めたことがないので、あなたが勝手につければ良いよ」といわれ、私が言霊に鑑み名付けたものです。

ですからそれは非常に個人的なものと思っておりましたが、驚いたことに地球霊界の「言葉の領域」というところにすでにある…ということが判明しました。

そこに彼がチラリと触れたということです。

いってしまえば何事も最初は誰かが始めるものでしょうから、それはそれでいいのかもしれませんが、まさか私がということはありました。

さて実際に彼はＪＵＭＵと交信しているのでしょうか。

「まあね」

ＪＵＭＵ（自由夢）と申しましてもかなり広大な領域をカバーしていますし、そのレベルもピンからキリまであります（私たちがいやというほどそれを経験しています）。

ＪＵＭＵのどのレベルとコンタクトしているのでしょうか。

「近い位置ではある」

「人間界に一番近いＪＵＭＵ」

「レベル的にはあまり高くない」

そんなのがあるのですか。

「魂魄界（こんぱくかい）に張り巡らされた網目の１つ…末端だね」

それは人魂でしょうか。

「よくいえば精霊…眷属（けんぞく）ともいえるが、それでも人間よりは質が高い」

ＡＳＩＡＮ様「見極めろ　と言われてもどのような行動をとればいいのか私にはさっぱり、な部分もありますし、そのＪＵＭＵがどのような意思で彼を動かそうとしているのか、信じられない部分もあります」

どう見極めればいいのかお聞きしました。

「彼の目つきから彼女はわかるはず」

「彼が狂信的になっているときは、目つき顔つきが違っているから彼女にはわかるはずだよ」

何をもって狂信的と判断するのでしょうか。

「彼女にとっておかしいと感じた時」

「あまりにも一方通行で「こうするべき」「ああするべき」と断定的なときは疑いなさい」

彼女の何を指針に疑えばいいのでしょうか。

「こればかりはその時その時の彼女の感覚でしかない」

「彼女に自信がないときほど、彼の狂信的なところに強い圧迫感を感じるはず」

「そこを見極めなさい」

この占い師さんはわりあいまともな方ですよね。

「しかしその都度占い師に聞くわけにもいかないだろうよ」

ＪＵＭＵは彼をどうしようとしているのでしょうか。

「暫定的」

「まだ決まっていない」

「彼次第といったところか」

方向性としては、どういう形に向うのでしょうか。

「彼のエネルギーがまだ定まっていない（機能していない）」

「上下動が激しくて、どうしようか迷っている（ＪＵＭＵが）

もし一定だったらどうするつもりなのでしょうか。

「精神世界の足がかりにさせる」

精神世界のマスターということでしょうか。

「まあ…使いっ走りというところだが」

この方はエゴが強そうですね。

「まだ幾つかの波を越えないと、そちらの方には行かないけどね」

「大きい事件、転換点があるよ」

「そこからレベルアップしていくか、ダウンしていくかというところ」

昨年も書きましたが、月読之大神が降ろされている「月読光線」なるものが今降り注いでおります。

それを受け、エネルギーのある方には、様々な現象が起きているはずです。

上位の世界からは、その方に応じたフォローが与えられています（この彼の場合は、ＪＵＭＵの末端から）。

その時その方がそれをどう受け止めるか、生かすも殺すもその方次第ということでしょうか。

月読之大神「やがてあなた方（みわと私）の元には、こういう方々が集結してくるよ」

「いいも悪いも来るからね」

彼の守護霊様からです。

「人の頭の上のハエを追っていないで、自分の頭の上のハエを追いなさい」

そしてあなたの守護霊様からのお言葉です。

「自分を信じる、見つめるいいチャンスなのよ」

非公開希望質問１

２０１０年２年１５日

非公開希望質問２

２０１０年２月１５日

回答2

ここではすでに何度も書いておきましたが、非公開の質問に対してのお答えは出来ないようになっています。

たまに例外もありますが、それが原則なのです。

守護霊からの支援

いちろく

初めてメールをいたします、いちろくと申します。

今日もこうして普段通りの生活を送れることに感謝いたします。ありがとうございます。

昨年の7月に、宇宙全史・質疑応答1、2、3を旅行で行った東京で、書店にて買い求めました。

私は、岐阜県に住んでいまして自宅から伊吹山がきれいに見えます。

書店で、質疑応答3をパラパラとめくり、『伊吹山』とあるので、〝えっあの伊吹山?〟と嬉しくなって購入しました。

宇宙全史に出会うことができ、幸せです。

今日、思い切って書き込みをしましたのは、全史の中で私達にとって一番大事な章はどこか?の虚空蔵55様からの問いについてです。

それは、第4章エルランティのP．212～P．217、ある事件から。ではないかと思いました。

この中で特にp．215、8行目からの

『この事件はある意味現代の人類の行き詰まりの一面を物語っているところがあります。

多くの未熟な魂が自我自欲に囚われ、周囲に大きな悪影響をまき散らしながら活躍しているのです。

これが自分だけというのならまだ仕方のないことなのですが、自らが「社会のため、人類のためよかれ」と思い込み、実際は幼い女の子として生まれ、その子の両親や家族、周りの人々の想いというものを考えず、今回女の子として生まれた自らの肉体想念が大きく傷つき、悲しみと恐怖にまみれていても、ほとんどその魂の自己満足にしか過ぎない快楽だけのために、周囲（社会）への新たなカルマをまき散らしていることは、救いようのない今の地球の状況を象徴しているかのようです。

まったく同じではないのですがそういう魂が、非常に多いということも事実なのです。』

この部分だと思います。

ここを自分の事として受け入れることが、私達にとって一番大事なこと…まずは、ここから…。

だから、五井先生の『やさしいお祈り』と『世界平和のお祈り』がとても大事で、

それから、真実が心に届くようになる。

このように感じました。

書き込みをするかしないか、迷いました。
でも、勇気を出しました。ありがとうございました。

2013年1月23日

みわ様、虚空蔵55様、こんにちは。

今まで自分の考えを持っていても、はっきりと出さず、周りの意見・流れ・雰囲気を見て、

これは合っているかも…

あれは違うか…

と、自分の中だけで処理してきました。

今回思いきってメールを出して、はっきり違うと確認できたこと良かったです。

恥ずかしいな。という気持ちはありますが、すっきりしました。

これからも、やわらかいお祈りと世界平和のお祈りを続けていきます。

ありがとうございました。

2013年2月12日

回答1

決して間違っているということではないのです。

「宇宙全史」第1巻の章はすべて複雑に絡み合う重要な項目ばかりです。

行き当たりばったりで書かれてあるように見えるかもしれませんが、見る方が見れば「なるほど」とわかるようになっています。

都心に住んでいますと中々山を見ることが出来ません。

伊吹山は岐阜と長浜では真反対の位置から見ることになりますが、そばにいつも山がある暮らしは穏やかな郷愁を人の潜在意識にもたらします。

そしてそれはその人の一生の宝となるのです。

みわ様、虚空蔵55様、こんにちは。

1か月ほど前になってしまいましたが、お返事を頂きありがとうございました。お礼が遅くなってしまいました。申し訳ございません。

〈そばにいつも山がある暮らしは、穏やかな郷愁を人の潜在意識にもたらします。そして、それはその人の一生の宝となるのです。〉

子供のころから山を眺めるのが好きでした。小・中学校のころは山に夕日が沈んでいくのを毎日のように見ていました。急に山の近くに行きたくなって、親に頼んで車で連れて行ってもらい、麓近くになると嬉しくて泣いてしまったりしていました。

短大～就職～結婚の10年間は東京で過ごしましたが、離婚で実家の岐阜に戻りました。

その複雑な心境の時も、じーっと山を眺めていました。なんだか、なぐさめてもらっている気がしていました。

なので、虚空蔵55様のお言葉が本当に嬉しかったのです。

ありがとうございました。

2013年3月7日

みわ様、虚空蔵55様
こんにちは。
「2人の日本人」の章だったのですね。
全く予想外で驚きました。
正直な気持ち、くやしいなーと思ってしまいました。
恥ずかしいです。
まだまだエゴがある私です。

でも、ここの章とは思っていませんでしたので、本当にびっくりで、え～そうだったの!?という感じでした。

ｋａｚｕ様、ありがとうございました。

これからも、やわらかいお祈りと共に日々を送ります。

ありがとうございました。

２０１３年４月10日

みわ様、虚空蔵55様こんにちは。

今日は質問をメールします。どうぞよろしくお願いします。

18年前と12年前に、２度体験したことについてです。

ずいぶんと昔の事だなと自分でも思いますが、知りたいのです。以下その時の様子です。

①18年前

自宅に帰るため電車に乗っていました。座席に座ってインドの神様についての本を読んでいました。難しくてわからないなぁ…と思っていたところ、体から温かい感情がわいてきました。言葉にするなら「生かされているんだ…ありがたい」が近いと思います。

頭での思考とは全く関係のないものだったので、驚きましたがとても心地の良いものだったので、そのまま身を任せてみました。

その温かさは全身に行きわたっていっぱいになり、頭頂部からまっすぐに上に伸びていきました。

そして、どこかは分かりませんが上に届いて水の波紋のように広がって行く感触が伝わってきました。

とても心地よく幸せでした。

その時に中学3年の時、片思いしていた彼にもう一度会えたらな。と思ってしまいました。

2日後、その彼から電話をもらいました。

中学卒業以来4年間、何の接点もなかったのでこのタイミングは驚きました。

②12年前

この頃は結婚をして半年ぐらいで赤ちゃんのことで悩んでいました。出産と子育てがとても怖かったのです。

そんな時に江原啓之さんの「スピリチュアル子育て」を本屋で見つけて読んで、そんなに怖がらなくてもいいのかも…と思っている時に、18年前と同じ状態になりました。

そして翌月には妊娠しました。
このタイミングにも驚きました。

この2度の体験で私は特に、お祈りをしていた訳でもなく全くの通常の状態でした。

1）この体験は何だったのでしょうか？

2）届いたと感じた〝上〟はどこでしょうか？

3）この時に頭に浮かんだことがすぐ実現しましたが因果関係があるのですか？単に偶然でしょうか？

4）『宇宙全史1』で自分の望みについての祈りはエホバとエルランティに届くとありましたが、この場合もそうでしょうか？

どうぞ、よろしくお願いします。

2013年6月26日

回答2

1も2もあなたの守護霊様がやっておられます。

届いたのはあなたの集合魂であり、指導して下さっている守護霊様でした。

「3）この時に頭に浮かんだことがすぐ実現しましたが因果関係があるのですか？単に偶然でしょうか？」

因果関係というよりは、あなたの運命線に沿って、よりスムースに行くように、守護霊様がフォローされています。

「４）『宇宙全史１』で自分の望みについての祈りはエホバとエルランティに届くとありましたが、この場合もそうでしょうか？」

すべての望みを「世界平和の祈り」の中に見いだせれば、あなたに必要な成就は早く訪れます。
そして何物にも支配されず、何者にも奪われず、あなたはご自分の人生を歩んでいけるでしょう。

みわ様、虚空蔵55様こんにちは。

お忙しい中ご回答を頂き、本当にありがとうございました。

守護霊様、ありがとうございます。
私は、頑固で〝うじうじ〟しています。
今までの自分を振り返ってみて、我ながら嫌な奴だなと、思えるほどです。

そんな私に素晴らしい体験をさせてくれてありがとうございます。他にも、守護霊様に助けて頂いているとしか考えられない出来事があります。

虚空蔵さま、本当にご多忙のなかご回答いただいて、ありがとうございました。

はっきりと、「自分には守護霊様がついていてくれているのだ。」ということを自覚することができました。

これからも柔らかいお祈りと世界平和のお祈りを大事に、日々を送っていきます。

本当にありがとうございました。

2013年8月21日

回答3

守護霊様の存在を感じることが出来るのは、ものすごくご自身の進化にとって有益なことになります。

祈りごとの中にその文言があるのは、まずはそのためなのです。

守護霊の存在を知り、その導きを素直に得られるようになると、エスカレーターの乗ったようにあなたの進化は早まっていきます。

それには世界平和の祈りが一番効くのです

みわ様、虚空蔵55様ありがとうございます。

先回、ご回答頂きました、

（すべての望みを世界平和の祈りに見出すことができれば、あなたに必要な成就は早く訪れます。）

このお言葉を受けて自分のお祈りを振り返ってみました。結果ただ、言葉を唱えているだけのものだと思いました。

頭で考えるのではなく、信じてお祈りをしていくうちに自然とそのような気持ちにたどりつければいいなと、以前より一文一文心をこめてお祈りをするようにしました。

まだまだ、日常のあれこれがお祈りをしていても頭に浮かんで集中できないことが多いです。

2回ほど、お祈りに入れた時は、真珠色のような光につつまれてとても安心する気持ちになりました。
日常生活でもこの状態でいられたら、どんなにいいかと思いました。

本当は（あなたに必要な成就）とは何ですか？と質問をしたいのですが、（すべての望みをお祈りに見いだせれば早く訪れます）と教えて頂いてますので、自分でつかんでみたいです。

五井先生の本も4冊ほど読みました。
あらためて、五井先生の教えや宇宙全史に出会えて幸せだなぁと思いました。

がんばります。

ありがとうございました。

2013年11月14日

みわ様、虚空蔵55様ありがとうございます。

大転換がやってくるのですね。

怖いと思ってしまいましたが、何があっても受け止めていこうという気持ちも湧いてきました。

2月は嫌いな人達と自分が似ていることに気がついて、今まで悪口を言ってばかりだったのが恥ずかしくて、落ち込んでしまい「五井先生、五井先生」と繰り返すのが精一杯でした。

これ以外にもドロドロの感情が出てきて直視したくありませんでしたが、「五井先生、五井先生」と唱えていました。そうすると心が落ち着いてきます。

ありがとうございます。

世界平和のお祈りもがんばります。

2014年2月26日

回答4

がんばって下さい

みわ様、虚空蔵55様

ありがとうございます。

3月に入って、柔らかいお祈りと世界平和のお祈りも唱えられるように、ようやく落ち着いてきました。

本当は、何があってもお祈りができるような心持ちでいないといけないな、と思いました。
そうあれる様な自分になりたいと思います。

2014年3月4日

みわ様、虚空蔵55様ありがとうございます。

実は私の父がある企業とトラブルとなり、逮捕・起訴されました。

本来ならここまで大変なことになる件ではないのですが、父の強気と自信、思いこみの強さと頑固さの為、

回答5

今の事態になってしまったと思います。

父は自分で自分の首をしめていると思います。

自ら滅んでいく事を選択しているのでしょうか?

No.1961で

何があってもお祈りできる心持ちでいたいですし、そうあれる様になりたいです。

と自分で書き込みをしていましたが、正に今の状況にぴったりです。お祈りを続けます。

姉や兄が忙しいなか、駆けつけて来てくれて客観的な意見や情報を教えてくれたおかげで、私達家族も落ち着きを取り戻しつつあります。

どんな結末になるか、まだわかりませんが頑張っていこうと思っています。

2014年4月7日

「自ら滅んでいく事を選択しているのでしょうか？」

他人のいうことに耳をかさないという事はそういうことです

みわ様、虚空蔵55様いつもありがとうございます。

以前、父が逮捕されたとメールをしました。
この件は社会的決着がつき、受け入れて終わりました。

この期間中はやはり、体力・精神ともにつらかったです。けれど、私には小5の娘がいますが学校で噂になることもなく普段通りに通えました。最悪、転校も考えていたので本当にありがたかったです。

家は自営業ですが、こちらも大丈夫で生活も滞ることなく送ることができました。

おそらく、周りは知っていても黙っていてくれていたのだと思います。
父は性格が激しいやっかいな困った人なので、ここぞとばかりに仕返しが来るだろうと思っていたので、それがないことが不思議でした。

地球が反転して崩壊が始まりつつあるとの事だったので、私の家は父の件で、もう終わりだろう・父も生きて家に帰ってこないだろうと思っていました。

ひどいのですが、その方がいいと思っていました。

けれど、父は帰ってきて生活も普段通りに戻りました。

私の家は昔は地主だったそうです。その土地で、自営業をしています。どちらかと言うと搾取する側なのかなと思います。（搾取もして、されてもいる側かもしれません）

冬至を境に多くの人が大変動の時期に入っていくとのこと。実は今年、五井先生のお祈りが大事と分かっていても、出来なくなった時期がありました。

とても簡単に自己憐憫に入り込んでしまって、いじけてしまったのです。今はお祈りに戻ることができましたが、どんな時でも五井先生を選び続けることの厳しさが分かりました。

本格的に大変動が来る前に、この経験ができて良かったと思っています。

不安もあるのですが、これから自分に起こる事をその都度きちんと受け止めて、乗り越えていけるよう生きていこうと思っています。

ありがとうございます。

２０１４年12年17日

みわ様、虚空蔵55様ありがとうございます。

No.２２３８のやす様への五井先生のお言葉を読み、私も肩の力が抜けました。

ありがとうございます。

父の件で連帯責任で私も滅びの道に行くのかとか、世間的に１歩も２歩も引いて日陰で生きていかなければいけないと思ってしまう日もあれば、

私は自分の道を行くべきだから、世間一般という考えはしないほうがいい、と前向きに考えれる日もありました。

なので「こうあるべきという指針で自分をもはじいてしまう」のお言葉に自分も当てはまると思いました。そして「お祈りはなにものもはじかない」のお言葉には本当に救われました。勝手に自分で自分の価値を決めてお祈りに背を向けようとしていました。

実は昨日、私はもうだめかな、１度質問をしてみようか？と考えていたら夜寝付けなくなってしまいました。それで今日、ＢＢＳをみて五井先生のご回答で楽になりました。

みわ様、虚空蔵55様、五井先生
そして、やす様、本当にありがとうございます。

2015年1月11日

みわ様、虚空蔵55様
いつもありがとうございます。

南半球にいらっしゃるのですね。南半球と聞くとオーストラリアかニュージーランドか、と連想してしまいますが、何処とは明かされないのですね。

どこまで宇宙全史についていけるか…ついていきたいけれど最近、BBSの内容もどんどん急加速している気がして焦ることもあります。

焦る理由は、良い変化が欲しいと思っているからで他の方が羨ましいのです。このことは分かってはいたのですがはっきりと認めたくないものでした。

自分を見つめることは辛いものだと思いました。
でも、心が頑なになっている時に力を抜くきっかけが2、3日に1度やってきてだんだんと素直になれました。助けて頂いていると感じました。

まだまだエゴが出てくると思いますが、全史に出会えた幸運を大事に、これからも頑張ります。

ありがとうございます。

（南半球ではいつにも増してお忙しい中、この様なメール申し訳ありません）

2015年3月3日

みわ様、虚空蔵55様いつもありがとうございます。

非公開情報8ありがとうございました。

先月、だい様の施術を受け、いろいろアドバイスを頂きました。その中に「がんばっている」と「小さい鋭い憎しみ」があるとのことでした。

自分では、がんばっていないと思っていたので「がんばっている」の言葉は初め受け入れられませんでした。おそらくそれが伝わっていたのでしょう、再度「がんばっていますよ」と言われました。この時は涙が出ました。そして、「小さい鋭い憎しみ」は厭世感につながりかねないもので、だい様を通じて解消していただきました。

自分が思う「がんばっている」は、休みなく体を壊すくらい働き、報酬は少なくてもいい。というものでした。絶対に無理な基準をあてはめて、自分をだめだと思いたかったように感じます。

この思いの本当のところは褒めてもらいたい、認めてもらいたい、だと思います。
でも、褒めても認めてももらえませんでした。
自分で自分を認めていないので当然です。

どうして、自分を認められないのか？と思うと、私が幼いころ母が愛情・関心をかけてくれなかったからではないかと思います。

でも、こんな事は自分だけではないとやり過ごしてきました。これもまた、自分で自分を軽く見てしまい、結果、心に自分や他人そして世の中に対しての憎しみを募らせていってしまったと思いました。
自分の中にこのような暗い思いがあることはなんとなくは分かっていましたが、これまた、こんな思いはダメなもの…と覆い隠していたと思います。

大雑把ですが、自分で分かるのはこれくらいです。
いろいろ感情にのまれて随分苦しい時もありました。

先日ふと、この感情を一歩引いて観察しているような気がすることがあり、お祈りをすることが出来ました。楽になりました。

まだ、いつもできるわけではなく、行きつ戻りつという感じです。投げやりになってしまうこともありますが、立ち直るのにかかる日にちが前に比べると短くなったと思います。まだまだですが、進んでいきたいです。

２０１５年７月６日

虚空蔵55様、みわ様いつもありがとうございます。

以前、「私は幼いころ、母親に愛情・関心をかけてもらえなかったと感じている」と書きました。その事で少し心境の変化がありました。確かにそう感じて恨みが残り、それを押し隠していたけれど、母には母なりの事情があり、仕方なかったのだろうと無理なく思えるようになりました。月並みな変化ですが、実際にそう思えると軽くなりました。

父もその母（姑）も性格がきつく、子供は私を含めて４人。姑の仕事の手伝いもしていた母は大変だっただろうと思います。いつだったか「あんたは姉、兄と違い何を考えているのかよく分からなかった、育てにくかった。」とも言われました。確かにそうだったろうなと思います。それでも、育ててくれたので母の愛情はあったのだと思います。

今、私には娘がいます。小学生です。

娘が生まれた頃にはもう、夫との仲も危うくなってきていたこともあり、娘に愛情をかけていたとは言えない子育てをしていました。義務、仕事で世話をしていた感じでした。幸いだったのは、娘は私とは随分と性格が違い、赤ん坊のときから自分の意思がはっきりしていて曲げずに表現できる子であった事でした。

生まれて一カ月していないのに、ミルクは断固拒否、母乳のみ。夜泣きもしてベビーカーはもちろん、おんぶもだめで、抱っこのみ。他にもいろいろあり、子育ては本当に大変でした。友人の子はミルクを飲んでは寝て、飲んでは寝てで、「全然大変じゃないよ」と言うのが驚きでした。

3歳児検診の時に、娘は自閉症アスペルガーではないかと指摘を受けて専門の機関に通うことになりました。2年ほど通い、結果アスペルガーではないようでした。ここには様々な子供さんが通っていて、そのお母さん達に私は救われました。随分と頑なな態度をとっていた私を変な目でみることなく、自然に仲間に入れてくれました。仲間外れになるのが私の今までの常だったので驚きましたが、ほっとしました。

そしてある日、偶然目と目をあわせて娘と手をつないだら娘は戸惑いの表情を一瞬見せて、笑いました。

随分と冷たい子育てをしていたのですね、私は娘の目を見ていなかったのでした。

今、娘は幼いころとは別人のようで、バランスのよい性格だと思います。

私は母の事をどうこう言える訳ではなかったのですが、幼なかった頃の自分の思いを認めてあげる事が大事でした。簡単のようで難しかったです。

確か6月ごろだったと思うのですが、気がついたことがありました。

今まで、朝起きると胸にぽっかりと穴があいているような悲しさ、寂しさを感じる事がよくあったのですがそれがなくなっていました。その穴が塞がった感じがしました。栓がされたようで微量ながら余裕が出てきたというか安定感が出てきたと感じます。

この感じがエネルギーが貯まるということなのですか？

2015年8月1日

回答6

「今まで、朝起きると胸にぽっかりと穴があいているような悲しさ、寂しさを感じる事がよくあったのですがそれがなくなっていました」

●やっとあなたは自分の感情を認めてもらって、その感情を素直に出すことが出来るようになってきましたね。

「そこは進歩だよ」という言葉が上から来ています。

認めてもらったのは母であり娘でありあなた自身でした。

今まで ずっとあなたの感じていたその穴から陰始にとられていたエネルギーがストップしています。
これまであなたはずっと満足できないか、何か不足を感じて来ていましたが、今は違うはずです。

今後は今のこの気持ちを、この充足感を味わって行って下さい

新しい人生の始まりです

よくがんばりましたね

虚空蔵55様、みわ様いつもありがとうございます。

ご回答頂きまして、ありがとうございました。
嬉しかったです。けれど自分が恥ずかしくもなりました。

実は、質問をしてから、「回答は頂けない。」と思い込んでしまって、やはり自分はダメなんだろう…

随分とほどけてきたと感じていたのは妄想で、本当は救いようがない状態なのだろう…。と決めつけてしまいました。

この精神状態のためか、連日の猛暑のためかは分かりませんが、腹痛から始り、どうしようもないダルさで1日寝ていました。

横になりながら、心の中で誰に向けるともなく、ばかやろう〜嫌だ〜と悪態をついていました。それでちょっとスッキリしたのですが「私はどうせ誰からも、かまってもらえない」という気持ちが奥底にまだあるのだと気がつきました。無視し続けてきた感情は根深いです。

「そうか…」と思い、お祈りは出来ない気分だったので「五井先生」と繰り返していたら寝てしまい、起きたら、それまでは霞がかかったようにぼんやりしていた頭がスッキリとしていて、もう大丈夫と思いました。何となくですが、五井先生に預かって頂けたような気がしました。

そして今日（8月8日）の朝ですが目が覚めた時、以前のように悲しみを感じました。でも、心の表面を通り過ぎて行ってしまいました。悲しみは何度もやってきましたが、心に入ってくることはありませんでした。

この時も少し怖かったので、「五井先生」と繰り返していました。

この朝の時はまだ、回答を拝見していなかったので、「やっぱり、穴が塞がった気がしたのは気のせいだったのかな…でもおかしいなー」と思っていました。

拝見した今は、気持ちが落ちている時、陰糸の手は、すぐにやってくるのだなと、感じました。平常心が大切という意味がわかりました。もしかしたら、私なんて…という自己憐憫が陰糸を呼んだのかもしれません。

あの穴からエネルギーを取られていたとは驚きでした。だとすると、子供の頃からずっとそうだったのでしょう。恐ろしいと思いました。

今は確かに、以前とは違います。まだ微かな感覚ですが自分ではわかります。

そして平常心でいることの大切さとその難しさも少し、わかった気がしました。本当にまだまだなのだ、そう思います。

ご回答頂けて嬉しかったです。ありがとうございます。

2015年8月8日

虚空蔵55様、みわ様いつもありがとうございます。

ご回答頂きまして、ありがとうございました。

嬉しかったです。けれど自分が恥ずかしくもなりました。

実は、質問をしてから、「回答は頂けない。」と思い込んでしまって、やはり自分はダメなんだろう…随分とほどけてきたと感じていたのは妄想で、本当は救いようがない状態なのだろう…。と決めつけてしまいました。

この精神状態のためか、連日の猛暑のためかは分かりませんが、腹痛から始り、どうしようもないダルさで1日寝ていました。

横になりながら、心の中で誰に向けるともなく、ばかやろう〜嫌だ〜と悪態をついていました。それでちょっとスッキリしたのですが「私はどうせ誰からも、かまってもらえない」という気持ちが奥底にまだあるのだと気がつきました。無視し続けてきた感情は根深いです。

「そうか…」と思い、お祈りは出来ない気分だったので「五井先生」と繰り返していたら寝てしまい、起きたら、それまでは霞がかかったようにぼんやりしていた頭がスッキリとしていて、もう大丈夫と思いました。何となくですが、五井先生に預かって頂けたような気がしました。

そして今日(8月8日)の朝ですが目が覚めた時、以前のように悲しみを感じました。でも、心の表面を通り過ぎて行ってしまいました。悲しみは何度もやってきましたが、心に入ってくることはありませんでした。

この時も少し怖かったので、「五井先生」と繰り返していました。

この朝の時はまだ、回答を拝見していなかったので、「やっぱり、穴が塞がった気がしたのは気のせいだったのかな…でもおかしいなー」と思っていました。

拝見した今は、気持ちが落ちている時、陰糸の手は、すぐにやってくるのだなと、感じました。平常心が大切という意味がわかりました。もしかしたら、私なんて…という自己憐憫が陰糸を呼んだのかもしれません。

あの穴からエネルギーを取られていたとは驚きでした。だとすると、子供の頃からずっとそうだったのでしょう。恐ろしいと思いました。

今は確かに、以前とは違います。まだ微かな感覚ですが自分ではわかります。

そして平常心でいることの大切さとその難しさも少し、わかった気がしました。本当にまだまだなのだ、そう思います。

ご回答頂けて嬉しかったです。ありがとうございます。

2015年8月8日

虚空蔵55様、みわ様いつもありがとうございます。

8月は今まで体験したことのない、心の安定のあったひと月となりました。

以前は、寂しさと悲しさ、満たされないという感情が心の基準・軸となっていました。それが安心と喜び、これでいいという感情の軸に変化したなと感じました。

8月が良い事ばかりだった訳ではなく、精神・体力的にきつい時や、両親の喧嘩を見てどうしたものかと思ったり、娘の事などと、今までと同じような問題がありました。

それでも、なぜか私は割合平気で、大丈夫で安心していられました。精神のベースが楽しいという感情でした。楽しいといっても1人浮かれていた訳ではなく、なんとなくそう感じるというものでした。

そして、私の思い癖の整理が自分なりに出来た時期に「うつ病は重症でも2週間で治る、もし……」という本を書店で見つけました。

読んで驚きました。自分なりに整理した事と同じ事が書いてありました。だから、とてもよく分かりました。

どうしても手放すことのできなかった

「私には大切なお役があるに違いない」という思いがありました。

それも、この本にあった

「『母親』の代償として、名声を求める。名声追及は愛を求めているに過ぎない」のところを読んで、根はこれだと納得がいきました。この時、心の一部が崩れていく感じがしてすっきりと、晴れやかな気持ちがしました。

他に気が付いた事が2つありました。

1つめは、五井先生のお祈りに対して、心の奥深くで抵抗していたこと。

2つめは、生き残りたいと思っていたけれど、それは生き残れば自分がすごいという証明になるから。他の人に負けたくないから。という思いのすり替えであったことです。

ものすごく傲慢です。

不思議なのですが、この事が分かっても「ああそうだったのだ」と受け入れることができ、落ち込んだり自分を責める事がなかった点です。以前なら、絶対に落ち込んでいました。

だからと言って、決して軽く他人事のように思ってはいなくて、自分の事としっかりと受け止められたのです。

この8月は、今までこのＢＢＳや五井先生の本に書かれてあったことの意味がやっと分かって気がした1カ月でした。

私は今は心から生き残りたい、地球にいたいと思うことが出来ました。

1つ質問をお願いします。

以前はお菓子が好きで（特に甘いもの）昼をお菓子ですませてしまうこともありました。それが、ここのところ食べる気がしなくなって、量が減りました。

それと、体がとても硬いのですが、こちらも自然にストレッチを始めました。

レベルの低さが分かってしまうのですが、私の体の変化の始まりなのでしょうか？

もしよろしければ、お願いします。

2015年9月1日

回答7

「私の体の変化の始まりなのでしょうか」
●もっと前から始まっているのですが、あなたが気づいたのがそれです

虚空蔵55様、みわ様いつもありがとうございます。

ご回答いただきまして、ありがとうございます。

やっと、体に注意を向けられるようになったのだなと感じました。今まで、体は必要ないというか、重要ではないと思っていました。精神と心が大事だと思っていました。

今まで、虚空蔵55様のトライアスロンや肉体改造のお話は自分とは、かけ離れたものだと思っていました。もちろんそうなのですが、自分にとって必要な体の変化はあるのだとやっと分かりました。

4年前、婦人科の病気で手術を受けました。

簡単なものだったのですが、さすがにこの時、体を大事にしないといけない、もう若くはないのだと思いました。その時から、リンパマッサージを受けています。

そして、だい様へ紹介されてました鼻うがいですが、偶然ですが私もやっていました。これは10年ほど前に鼻炎によいと聞いて始めました。鼻炎に効果があったのかどうかよりも、スッキリ感が気持ちよくて、続けてきました。

今、振り返ってみると手術以降、少しずつ体への関心は向けられていったのかなと感じますが、当時の私は何も分かっていませんでした。

ご回答いただけて、今まで意識していなかった事がつながってきました。

これは2～3日前のことですが、私はやっと自分が女性であることを受け入れられたと感じました。

体としての自分を受け入れることが出来たような気がしました。

ご回答いただきまして本当にありがとうございます。

2015年9月7日

紫陽花の開花に向けて

紫陽花（元「いちろく」）

虚空蔵55様、みわ様いつもありがとうございます。

今までは、いちろくというハンドルネームを使っていました。ここのところ、このネームは合わなくなった気がしていまして、今回から、この紫陽花（あじさい）で投稿させて頂こうと思います。

先日、2回目のだい様の施術を受けました。その時にネーム変更の話題も出ました。

私は本名でいいかなと考えていたのですが、もう少し遊んでもいいのでは？とのことで、変えるなら、女性らしいもの・紫・植物がいいかなとの流れになりました。

施術中に紫色が見えたとのことで、私のカラーなのか？とのことでした。

実際、紫も好きな色でしたし、帰宅してから何にしようと考え、紫陽花が好きなことと、花の色も青紫、ピンクで良い感じだと思い、決めました。これからはこのネームに変えようと思います。よろしくお願いします。

私はすでに離婚をしています。

今は両親、私そして私の娘の4人で暮らしています。

父は他人の言うことには耳を傾けない人なので、私は父に何も言う気はありません。

母には、宇宙全史のことを知って欲しいと思い、去年の夏に「20年後…」の前半部分、これから世界が変わることを話しました。母から返ってきたのは

「本当にそんな良い世の中になるなら素敵だけれど、夢物語として聞いておくわ。」という言葉でした。

唐突に話したのが悪かったと今は思いますが、その時は、どうしてわからないのだろうと失望しました。

今、私は変化していきたいと思っています。

少しづつ、少しづつでもいいので変化を重ねていきたいです。

そう思っているからか、自分でも前とは違ってきていると感じています。

そして母も何か思うところがあったのか、先日、だい様の治療から帰った後、母と話をしていた時に

「どうして、その指圧治療院を知ったの？」と母が聞いてきたので、

「私が信じているサイトに紹介してあったから」と返事をしておきました。

（だい様の治療院に行っていることは、母には話しています。体と心のケアをしてくれる所という、簡単な説明だけしてあります。）

ほんの少しでも母が、なぜだろう？と疑問に思ってくれただけでも収穫だった気がします。

そして、娘ですが去年の夏に自分で「20年後…」を読んでいました。私は薦めたことはなく、本を開いている姿を見て驚きました。

陰始やフリーメーソンの章は、難しくて分からなかったと言っていました。

これからどう世界が変化していくのか、ということは受け入れたようです。五井先生のお祈りもしているようです。

ひとつ屋根の下に暮らしている家族であっても、選択はそれぞれあるのだなと感じる出来事でした。

私もがんばっていこうと思いした。

ありがとうございます。

2015年10月9日

虚空蔵55様、みわ様いつもありがとうございます。

自分を変えていくのは難しいのだなと、感じていたこの頃でした。こちらのBBSが更新され、嬉しかったのですが、情けないことに心が乱れてしまった自分がいました。

ふて腐れてここで終わっていくのも、殻を打ち破って宇宙全史についていくのも、すべて自分次第です。

波打つ感情を見つめるのは、自分の器の小ささを認めざるを得ないので、すごく嫌で不快です。
でも、そこがポイントであるので、お祈りにお願いしています。

私は宇宙全史について行きたいので、がんばります。

2015年12月18日

虚空蔵55様、みわ様いつもありがとうございます。

左のNo.313と314。
とても胸躍る内容で、リアルタイムでこの様な情報を得ることができるのは、信じられない程の幸運なのだと感じています。

ただ、その幸運を私は受け止めることが出来ているか?と自問してみると、どうなのだろう…わからない。
というのが正直なところです。

ただ、とても心が温かく感じられます。
今は宇宙全史に出会えたことが、奇跡であったと思います。

ありがとうございます。

２０１６年２月２日

虚空蔵55様、みわ様いつもありがとうございます。

「誰が地球に残るのか」読ませていただきました。

ありがとうございました。

最近、ＢＢＳにみわ様のことが出ないので、どうしたのかなと思っていましたが、みわ様のセリフが載っていたので安心しました。

読み終わって考えたのは、私の場合の本当のところは何だろう？でした。

やはり、陰始の世界にはまっていて、「認めて欲しい」これが、すべての動機になっているだろうと思いました。

「認めて欲しい」の詳しい中身は、愛情が欲しい・安心が欲しい・偉い人に褒めてもらいたい。で、どれも他人からもらいたい。ものでした。

今は、愛情も安心も褒めてもらうことも、他人からもらうものではなく、自分で感じるというか、もうすでに〝ある〟と決めてよいのではないかと思えるようになりました。

このように思えるようになったのは、数日前からですが、気がつきだしたのは一カ月前からでした。
私は基礎がずれていて、これが他人に自分を明け渡して生きるということだったのだと思いました。
これでは、人生楽しいはずがないです。

少し気がつくことができ、楽になりました。
これからもお祈りと一緒に進んでいこうと思っています。

ひとつ気になる夢をみました。
新刊が届いた日のものです。

誰かが「幽霊だ!」と叫ぶと、
私の目の前の箱から女性がのっそりと起き上がってきました。
「幽霊と言っていたけど普通の女の人みたい…」と思っていると、その幽霊とばっちり目が合いました。
わ、まずい。と思ったところで目が覚めました。

気になったのは、幽霊の目が妙に脳裏に焼きついたからです。黒目の中の中心は真っ黒でしたが、周りは薄いグレーでした。力強く、すごみのある目でした。

もうひとつ、新刊のガンジーの章のP．41

『母親というのは最初に子供を抱いたとき、育てるときに子供を見ますが、その時に「支配」を入れてしまうのです。』

とあったので、見るのは目だしなぁと、陰始関係の夢だったのだろうかと気になりました。

意味がある夢だったのでしょうか？

お忙しい中すみません。ご回答いただけるようでしたら、よろしくお願いします。

ありがとうございます。

２０１６年3月23日

虚空蔵55様、みわ様いつもありがとうございます。

このところ、いつもの日常に、大切な気づきがたくさんあるのだと感じられるようになってきました。

ああ、そうだったのだと思って、ほっとしてもすぐに次のひっかかりがやってきて、さあこれはどうする？

ふて腐れる？それとも認める？

選択のラッシュが来ているように思われます。

どれが正解かは分からないけれど、今の自分が選ぶ道を行くことにしようと思いました。五井先生のお祈りという大きな明かりを持っていれば、きっと大丈夫だからと思いました。

こう思っていても、実際そのように行動できるかは、まだこれからの課題です。

昨日の茨城の地震は、東海地震の兆しとは異なるとの事でしたが、これからは、いつどのようなことが起こるか本当に分からないのだと感じました。

けれど正直、まだ気持ちが、ぶれてしまうので、もう少し自分を鍛えるというか、土台を固める時間が欲しいと思ったので、ほっとしました。

こう思ってしまうのが、自分勝手だなと思えて複雑な気分にもなります。

まだ予断は許されていないとの事なのに、一喜一憂しているので、やはりまだまだ甘いです。

ありがとうございます。

がんばっていきます。

2016年5月17日

虚空蔵55様、みわ様いつもありがとうございます。

今までの自分の投稿を振り返ってみますと、ほとんどが同じような内容でした。

幼い頃からの不満や、自分を認めて欲しい欲求などでした。時々質問もしましたが、不採用のものが多く、その時は恨めしく思ってしまいましたが、今は、あれらは質問ではなく、認証欲求から出たものなので不採用は当たり前だと分かってきました。

大変な時の今でも、このように自分のことばかり書いてしまいます。これが今の自分なのだな、仕方ない。と高望みはせず、今のこの位置から地道にいくのが一番だと感じています。

ただ、このところフォローを感じられるようになりました。

この一週間、子供（中学）の部活で、親さん同士の付き合いに、かなり悩みました。ふと頭に浮かんだ本屋に行って、これだと思う本を見つけ、ヒントをもらいました。同日、いつも見ているサイトにもヒントがありました。

「本当にフォローって来るんだ。」と感じられた出来事でした。思い返してみると今までもフォローはあったのですが、私は勘違いして、「私ってすごい」と思ってしまっていました。ばかだったなと思います。

私の質問は不採用が多かったですが、数回、回答を頂いたことがありました。その時はエゴの視点から解釈していて、理解できていなかったと思います。

まず、回答を頂けたことで有頂天になっていました。

「学ぶ」とはどういうことかを、やっと疑問に思えるようになってきました。

もう時間があまりない今の状況で、私はこの状態で大丈夫か?と思いますが、先ほども書きましたがこれが自分なので、ここからがんばっていこうと思います。

ありがとうございます

2016年5月25日

虚空蔵55様、みわ様いつもありがとうございます。
右の2016年5月17日No.2835の
だい様の質問

○左の　No.326を読ませていただきました。
虚空蔵様が語る五井先生のお話を読んでいて、なにかとても懐かしい感覚に包まれています。

●その「懐かしい」という感覚はとても大事です。

と、ありました。

これが、宇宙全史1巻の中で私達にとって一番大切な章はどこか？という問いの答えとして説かれていた感覚のことなのでしょうか。

五井先生を見つける
母性を見つける
という感覚なのでしょうか？

以下その抜粋部分です。

左2013年5月20日No.247

●『現実の世界でも「統一の場」である「1つの魂」は、はるか高みにある今の人類には手の届かないようなものなのですが、それでも地上のあちこちにはそれが恩寵として漏れ注いでもいるのです。

その1つが女性性の「母性」ということです。

そして、本来はこうした説明がなくとも、あの「2人の日本人」の章をお読みになった時、胸の奥底から何かこみあげてくるものがあるのが本来の姿なのです。

「ああこれが本物だ」と直感できる魂は、薄いながらもどこかその「統一の場」につながっているのです。

私達は地上に降りるときに（システムとはいえ）身も心（記憶）もテンデンバラバラに切り刻まれ、すべてを忘却して地上を這いずり回っています。

そして自分自身である他人を傷つけ、殺し合い、憎み、嫉妬し、奪い、蔑み、差別し、のた打ち回っているのです。

そんな地獄の中で「統一の場」「統合された帰るべき魂」がわずかにでも顕現してるものの1つが「母性」であり、そこに気づくよすがもまた「母性」なのですが…それではその「根源の魂」に気づくにはどうしたらいいのでしょうか。』

ありがとうございます。

2016年6月8日

回答1

かつてここで「宇宙全史」第1巻の中で最も（皆さんにとって）大事な章はどこでしょうかとおたずねしたことがありました。

皆さんからの回答に正確なものはなかったのですが、それが「2人の日本人」という章でした。

そこには竜馬と探検家の植村さんの真実が描かれていますが、その章の主人公は竜馬がほめてほしかった母であり、植村さんが帰り着きたかった奥様でした。

（ほとんどの）多くの女性や母親は息子や旦那などの男どもを支配しようとしますが、彼女たちのように陰糸とのつながりが薄い女性もいることはいるのです。

それは男性側にもいえることで、男の中に陰糸につながる要素が薄くないとそういう女性とは縁が持てないということもあります。

当時はまだ「陰始」という概念が降りて来ていない時代でした。

だからこそあの章は皆さんにとってとても大事な章だったのです。

宇宙全史はこれまで人類に開示されたことのない未曾有の情報を提供しています。

それをどう受け止めるかはもちろん皆さん次第ですが、極端にただ頭がいいだけの人間がこの情報を活用すると、結構大変なことになりかねないということがあります。

そこで大事なのが「陰糸とつながらない有り様」という要素だったのです。

虚空蔵55様、みわ様いつもありがとうございます。
先日はご回答ありがとうございました。
昨日、娘と話をしていて、
娘は別巻2のブルースリーの章、P202の会話が好きなようでした。

P・202

月読之大神
「心を開いてご覧」
「そしたらほんとのことが見えるから」
リー
「いやだ」

どうもこちらを信用していない感じなので、
ユーチューブにあるブルース・リーのヒット作の様子を見せてあげました。

すると、

リー
（ニヤッと笑う）

この部分です。

ブルース・リーと虚空蔵55様、そして月読之大神が一緒にユーチューブを見たの？と、とても楽しく感じたみたいです。

実際どのような様子だったかは分かりませんが、
みんなで画面を見ている様子を想像してみると、
本の内容とのギャップがありすぎて、失礼なのですが、確かにおもしろいなぁと思ってしまいました。

さて、夏至が過ぎて1週間が経ち、今は、とてもスッキリとした気持ちになっています。
夏至の頃に、自分がどれだけ陰始に傾いていたかを自覚できました。

ショックが大きかったのですが、先日だい様の施術に行きまして、整理をつけることができました。

そして、
虚空蔵55様が非公開情報権利者に等しくエネルギーを送ってくださっていると知っても、
自分が受け取れているのか、いないのか実感できていませんでした。
(私はCカテゴリーです)

自分の宇宙全史への取り組みに、自信がいまいち持てていなかったのだと思います。

理由は、やはり、すねる心がとても強くて素直になれなかったからで、どこか斜に構えていたのでした。

これをはっきりと自覚したのは、6月24日で、とても恥ずかしくなって、
今まで自分は虚空蔵55様はじめ、皆々様になんて事をしていたのかと思いました。

思いは届くはずと、その場で
今まで申し訳ありませんでした。ごめんなさい。
今までありがとうございました。
と、虚空蔵55様にお祈りしました。

不思議と体があたたかくなって、安心することができました。

自分はおかしかったと、やっと分かるようになってきました。

確認だけの質問となってしまうのですが

①私の謝罪の気持ちが届いて、それで、大丈夫ですよとのことで、体があたたかく感じ安心できたのでしょうか。

②非公開情報者に送ってくださっているエネルギーを私は受け取れる器になったでしょうか。

大変な時期に、このような質問をするのは、どうかと迷いましたが、もし、お答え頂けるようでしたら、お願いします。

ありがとうございます。

2016年6月27日

回答2

「ブルース・リーと虚空蔵55様、そして月読之大神が一緒にユーチューブを見たの？」

●私がユーチューブを見ることでそれがブルース・リーに伝わります。

彼は心を閉じているので世界の動きは見えませんが、私の思念が伝わっている限り私を通して見ることが出来るのです。

①私の謝罪の気持ちが届いて、それで、大丈夫ですよとのことで、体があたたかく感じ安心できたのでしょうか。

●前よりも少しなりましたね

「②非公開情報者に送ってくださっているエネルギーを私は受け取れる器になったでしょうか」

●これも同じです

少しずつ少しずつ…でいいのです

虚空蔵55様、みわ様いつもありがとうございます。

No.2883で

ご回答いただいたお礼と質問のメールをしましたが、エゴが強いものだったと気がつきました。すみませんでした。

ここのところ、お忙しいと思われるなか、BBSの更新が頻繁だったのは、なぜだろうと考えたりしていました。

また、自分のエゴも出ました。

あぁ、エゴだと気がついて、すぐにお祈りにお任せできたり、認められればいいのですが、認めたくないと抵抗してしまったので、疲れてしまいました。

右のNo.２６２５に

●エゴを保持することが最もエネルギーを使う。

●エゴを保持するために感情を燃やす。これを節約できたらエネルギーが貯まる。

とありました。

私は疲れてしまったので、エネルギーを使ってしまったのだと思います。

今回のエゴはある程度受け入れることができたと、感じています。

これから、立ち直るのにかかる期間を、少しずつでいいので短くしていきたいと思います。

ありがとうございます。

２０１６年7月4日

虚空蔵55様、みわ様

先ほど、送信しましたものに、間違いがありました。

No.2625
●エゴを保持することが最もエネルギーを使う
●エゴを保持するために感情をもやす。
これを節約できたらエネルギーが貯まる。

これは、私が要約して書きとめていたものでした。

正しい抜粋はこちらです。

No.2625
●性エネルギーもそうなのですが、
私たちが最もエネルギーを使うのは「エゴ」を保持することです。
そしてエゴを保持するために「感情」を燃やし続けます。

「人からどう見られているか」
「あの人は嫌いだ」
「悔しい」
「ちっくしょう」
「ばかやろう」
「悲しい」
「苦しい」
「面倒だ」
「うれしい」

…等々、私たちは日々感情を波立たせるために膨大なエネルギーを使用して、憔悴しています。

それを節約できたならどれほどのエネルギーが貯まることでしょうか。

訂正します。失礼しました。

2016年7月4日

①

虚空蔵55様、みわ様いつもありがとうございます

昨日、非公開情報9が届きました。

ありがとうございました。

先日の26日に投稿をいたしましたが、あれは

私の浅はかさが露呈していました。

それに気が付きもしなかった事、恥ずかしく思います。

申し訳ありませんでした。

非公開情報が届きまして、送り状の品名を見たら、

「非○○○９４」と書いてありました。

ここまでの注意をしないといけなかった、ということかなと感じました。

（これより前のNo.もこのように書いてあったらすみません。たまたま今回、目にとまったので単なる私の

感想です。）

難しい概念が出てきていて、何度か読み返しました。

やはり、難しいです。

お祈りとエゴを薄くすること、がんばります。

ありがとうございます

2016年9月29日

②

虚空蔵55様、みわ様いつもありがとうございます

先ほど、送信しました投稿で

「ここまで注意をしないといけなかったのかな」と思った。と書きました。

これだとまるで、「その必要はないのにな」と思っているかのようにも読めてしまいます。

真意は「ここまでの注意が必要であったことに驚いた」でした。

言葉は難しいです。

これからはよく注意します。

失礼しました。

2016年9年29日

U
M
U

Atari

虚空蔵さん、SO&SOさん、こんにちは。毎回たのしく読ませてもらっています。ひとつ単純ですが、非常に気になる質問をさせてください。他の方も同じ質問をされていたように思いますが、私からもお願いします。精神世界の本では、東西ともに宇宙で活動している組織についての名称がいろいろと出てまいります。例えば、銀河連邦とか、宇宙連盟や、宇宙連合、または惑星同盟などと呼ばれるものです。これらは単に日本語の表記の違いだけではないと思います。また、ある本にはカルマ評議会やアイン・ソフ評議会というのも出てきますね。いろんな組織、評議会があるようです。さらには、虚空蔵さんのいう宇宙管理局や地球派遣団などです。これらの組織の役割と特色がいまいち掴めません。また地球の内部世界と、それらの組織とのつながりも、もう少しはっきりさせたいところです。そこで、これらの組織について、分かる範囲内での説明をしていただけますと、ずっと理解が早まるのではないかと思い、質問させていただきました。お暇な時にでもお答えいただけると嬉しく思います。よろしくお願いします。

2007年11月25日

回答1

簡単にお答えさせて頂きます。

私は文章中に「宇宙連合」「宇宙管理局」という名称をUMUと称して使っております。これはこのセッションの初めに何度お聞きしてもその組織の名称を教えてもらえなかったので私が勝手にそう呼んでいただけですが、ある時どうしてもきちんと教えてくれないとこのセッションの進行に支障きたすということを申し上げましたところ「ラテン語のできる人はいないか」ともちかけられました。

見たとこ私の周りには誰もそんな方はおられませんので、そう申し上げると「それではラテン語を勉強するか、もう聞くことをあきらめなさい」ということでした。

元々このセッションが進むにつれて個人名や物事、組織の名称というものは物質レベルでは必要不可欠なものですが、少しステージが上の方々にとっては感覚器官が人間とは違うようで「名前」というよりは「波動」で事象の識別をされているということが分かってまいりました。

それはわかりやすく申し上げますと名前を「におい」や「味」で識別するようなもので、それを言葉にしてくださいというのは中々無理なようです。

しかし下の方で書いてあると思いますが、なんとかそうした表現を可能にした言語が古代ラテン語（原初のラテン語）だったようです。

それがUMUでありJUMUでもあるのです。

でも彼ら自身はまったく自分たちがなんと呼ばれようが気にしておりません。

「好きに呼んでいいよ」くらいに言っております。

ですから彼らがご自分たちのことを「ＵＭＵ」といっているかというとそういうことはありません。

これからあなた達のことを「ＵＭＵ」と呼びますよ言った時の反応は「…・」でした。何の反応もなかったのですが、でもその後「ＵＭＵ」と呼ぶとちゃんと応えてくれております。

しかしこの説明ではおそらくわけがわからないと思いますので、この宇宙全体の構図をおおよそで申し上げますと、

①　私たちの住むこの大宇宙は「オーム」という名の宇宙であること

②　その意思を具体的に宇宙全体に反映させる組織がＵＭＵです。

オーム宇宙とＵＭＵの間には何の組織もありません。

ＵＭＵがダイレクトにオーム宇宙の意思を反映・具現化させています。

ですから思ったより単純なヒエラルキーになっているようです。

しかしＵＭＵの下には地球派遣団（ＪＵＭＵ）や特殊な任務（星を造る）につく専門職の方たちもおられます。

③おそらくそのＵＭＵの下につく組織や個人的なものが多くややこしいのかもしれませんが、まだここは調べてはおりません。次の巻の「宇宙編」でやろうかなと思っております。

たとえば最近のセッションで黙示録を調べておりますと、新たな存在が浮かび上がってまいりました。

それは「メフィスト・フィレス」という存在で、これがまたとんでもなく扱いにくいといいますか、この方に比べるとサタンなどは正に子供のようです。

単純に悪魔と申しましてもその存在は多種多様でこの「メフィスト・フィレス」はプレアデス系の悪魔とでもいうのでしょうか、そのような存在なのですが、中々そう言い切ってしまうこともできないのです。

今はその正体を明かしませんが、ひとつにはＪＵＭＵにもかかわってきている存在でもあります。

また昨日も書きましたが、アンドロメダの地球入植者たちも結局はその本体をＪＵＭＵにおいております。

おそらくここは詳しい説明が必要なのですが…お分かりいただけるでしょうか？

つまりＵＭＵの下にはものすごく複雑な組織といいますか、かかわりあっている存在があることはあるのです。それに関しましては私は今のところほとんど確認できておりません。

Ａｔａｒｉ様のご質問にありました「地球の内部」という意味が「地球の地中」ということなのか「地球世界の」という意味なのかがハッキリしませんでしたので、勝手に世界組織としてお話します。

これもやはりすでに書きましたが、私たちがほとんどかかわっていないのに世界を動かす実権を持っている組織というのは存在します。

しかしこれは本当にもう複雑な組織でして、歴史的にもおそらく誰も（その組織の中にいる人間でも）知らないような事実まで調べてあります。

非常に巨大な組織で、国家という組織を除けばある意味地球を支配しているといってもいいかもしれませんが、そう簡単に説明できるものでもないのです。

これはどうしても本のほうでご確認ください。

章を立てて詳しく説明しております。

あまり明確なお答えになっていないような気がいたしますが、本のほうをお読みになれば「なるほど、これは無理かな」と納得していただけると思います。

それほど「事実」は複雑怪奇になっているようです。

それでは消化不良でしょうが今夜はこのあたりで失礼します。

昨日、寿命と交換してもいいから寝る時間を減らしても平気にしてください。

と私の守護神（魔法使いのじい様）にお願いしたところ、

「お前は寿命いっぱいまでこき使うのでダメじゃよ」

ということでした。

何ともひどいお話しですね。

真実は部分ではなく、全体である。部分の中には真実が含まれるが、それはある1つの視点にすぎない。執着を捨て、2元性を超え、あらゆる葛藤を手放したとき、無限の視点という統合が果たされる。そうすることによって、はじめて真実という全体に触れる。その全体を認識するように努めなさい、というのが宇宙全史のテーマでしょうか？　つまり、ありふれた答えですが、誰もが最大限の調和度をもって生きることが、自分にとっても、社会にとっても、宇宙にとっても一番大切であると。

２００８年５月５日

虚空蔵55さん、みわさん、お仕事おつかれさまです。宇宙全史第1巻が出たばかりですが、第2巻も期待していますので、これからも「気づき」に満ちた探究を続けてください。ところで、虚空蔵55さんのお人柄はなんとなくわかってきましたが、みわさんという方はどのような方なのでしょうか？以前読んだ本に「宇宙連合からのファースト・メッセージ」という本がありましたが、その本の中に、美和さんという人が出てきます。この方と同一人物でしょうか？それとも単なる偶然の一致でしょうか？Ａｔａｒｉ様

私は「宇宙連合からのファースト・メッセージ」という本を存じ上げませんが、その中に出てくる美和なる人物は、アンドロメダの巫女「みわ」とは一切関係がありません。

２００８年５月10日

回答2

「みわ」に関しましては、多くの情報をすでに集録していますが、その公開は3巻かそれ以降ということ

に今の所なっています。
ご了承下さい。

虚空蔵55さん、みわさん、お役目お疲れさまです。宇宙全史第1巻が出版されてから2ヶ月以上経ちました。今現在の地球霊界をとりまく状況というのはどのような変化を見せているのでしょうか。お答えお願します。

2008年7月18日

回答3

そうですね…確かにそろそろ何か指標のようなものを出さないと、わけが分からない状況になっているかのようですので、早めにお答えしておきたいと考えております。

虚空蔵55さん、みわさん、お役目お疲れさまです。
質問ですが、どのような条件が整えば、宇宙全史第2巻の発行許可が下りるのかについてお教えください。

2008年9月14日

回答4

それこそ私が一番知りたい情報です。

しかしその答えはみな様方の中にあるのです。

虚空蔵55さん、みわさん、お疲れ様です。

質問。神話は、民族の心または魂の故郷などと形容されることもありますが、現在の日本において、神話教育というのは、どのように教える（または教わる）のが理想なのでしょうか？

よろしくお願いします。

2009年2月9日

回答5

神話は基本的に伝承として、口から口へと伝えていくもののようです。

本来「信じる」「敬う」という心を物語として伝えていくものなのですが、現代では神話（物語）自体に力が失われてきています。

どちらかといいますと、それは今の漫画やアニメを媒体として受け継がれて行くのかもしれません。


神話に関しましては、教育とか教わるといった概念は、あまりなじまないでしょう。

国や社会のステイタスのための道具となってしまった時点で、それは力をなくしていくものなのです。

それはあくまでも「人と人を超えた存在との関係性」を、「信じる」「敬う」という形で伝えていくものでもあるのです。

これが漫画・アニメを媒体とするときは「ロマン」という形をとることもあります。

怒りを超える

敦

虚空蔵55様、みわ様。

「20年後世界人口は半分になる」を、この期間に2度、熟読させていただきました。

今後も、時間を見つけて、再読をしていきたいと思っています。

通常では知りえない情報に接する機会を与えていただき、本当にありがとうございました。

ところで、1つ質問があります。

今後の20年間で、個人個人のカルマの解消も完結すると考えてよいのでしょうか。そして、それによって、20年後に生き残る方々は、それぞれ覚醒する、もしくはそれに近づくと考えてよいのでしょうか。

それとも、生き残ることと、カルマの解消や個人の覚醒とは、まったく別問題と考えるべきなのでしょうか。

ご回答をいただけましたら、幸いです。

2014年7月3日

回答1

こうお考えになるとわかりやすいかも知れません。

「20年後のユートピアに生き残るだけのカルマの解消を、この20年でクリアできるかどうか」

実はこの命題は次回発行される非公開情報のテーマでもあるのですが、20年間以内にある程度（完全でなくてもいいのです）の自らのカルマ（澱・おり）を浄化しておかないと、新しい地球には残れませんよ…ということです。

覚醒云々は、その後のお話で、まずは20年後に残り、自由を謳歌して、その中で何を求めるかという事になります（ただ本当に世界はユートピアになりますから、そこで覚醒というものをあえて求めるかどうかは難しいところかもしれません）。

そしてそのクリアの方法が具体的に教授されるのが非公開情報の中です。

何故それが非公開になるのかといいますと、大原女さんの情報もありますが、それよりも「20年後の…」の本では、おそらく…いやほぼ理解してもらえていない部分を示唆しておきたいからです。

それは非常に大事な事であり、まさしく常識を覆す事実になります

虚空蔵55様、みわ様

ご回答、ありがとうございます。

次の非公開情報を待ちたいと思います。

2014年7月5日

虚空蔵55様、みわ様

「20年後地上の人間は半分になる」を拝読させていただき、最も気になったことは、今後の教育制度です。

実は、私は高校教諭をしておりまして、生徒たちに進路指導をする立場にあります。5年後ぐらいから首都圏の陥没がおきますと、ちょうど彼らが大学生のころにあたります。

果たして、進学を希望する生徒たちにどのようなアドバイスや指導をしていくことが適切なのか。とても複雑な思いにさせられます。

かといって、予備知識が無い若者たちに、「20年後…」に述べられているような事実を伝えることにもためらいがあります。

若者たちを指導する立場にある私たちの在り方に対して、何かアドバイスやヒントがありましたら、お願いいたします。

2014年7月6日

回答2

土壌が全くないので、いきなりお祈りを教えるという事は出来ませんが、生徒さんたちが進学して行こうが就職しようが教えることは同じではないでしょうか。

あなたが日頃生徒さんたちに何を教えておられるのか…それだけの問題です。

担当されている教科はもちろんですが、教師としての有り様として、人としての有り様として何をどう教えておられるかというところです。

「覚悟」というのは、極端にいいますと「明日死ぬなら今何をするか」、もっと突き詰めますと「次の瞬間死ぬのなら、今何をするか」という心構えのことをいいます。

5年後や6年後に世界がどうなろうと、自分がどうなろうと、今ここでの覚悟といいますか、心構えが出来ていれば何の心配も、問題もないのです。

そしてその「覚悟」を教えてあげるのが教師の役目でもあります。

あなたの教師としての、人としての有り様、生き様がどこまで生徒さんたちに反映するか…あなたがどこまで「覚悟」を持って生徒の教育にあたっているか…それに尽きるのです。

あなたが教師として、その人生をささげて生徒たちのために働く時、そこから得る生徒たちの気づきは彼らの人生における一生の宝となりますし、激動の時代に本当に役に立つのは、そういう力なのです

虚空蔵55様、みわ様
貴重なお言葉をありがとうございました。
「覚悟」という言葉の意味をかみしめながら、今後の仕事に従事していきたいと思います。
2014年7月9日

虚空蔵55様、みわ様

いつもありがとうございます。

非公開情報8を入手しましたら、心して読ませていただきます。

非公開情報の権利者として、虚空蔵55様からエネルギーをいただいているとは思いもよりませんでした。

権利を得たことの重さを改めて知るとともに、今までの自分の甘さを情けなく思いました。

タイミングとしてどうかと思いますが、もし可能ならば、私の今生における天命を教えていただけたら、と思います。

今後は、今まで以上に真摯な気持ちで、五井先生の世界平和の祈りを唱えさせていただきます。

今後ともよろしくお願いいたします。

ありがとうございました。

２０１５年６年11日

虚空蔵55様、みわ様

いつもありがとうございます。

「平静であれ」という言葉、重く受け止めさせていただいています。

バカ騒ぎやうわべだけの熱狂などの無意味さは分かってきたつもりでおりますが、怒りの感情はどう考えたら良いのでしょうか？

職場や家庭、社会や国への怒りや憤りの感情などは、感じない日がないほどです。

怒りを表に出してもストレス、またそれを押さえ込んでもストレス…。

私のような凡夫にとっては、怒りや憤りの感情が、「平静であれ」という言葉の前に大きく立ちはだかっているような気がします。

もし何かアドバイスなどをいただけましたら幸いです。

2015年7月3日

回答3

箇条書きにしてみました

①その怒りを、怒っている事を認めてあげる

②正当化するのではなく「自分は怒っているのだ」という事を認める（認識する）

③怒りを「静めたい」とか「何とかしたい」「我慢する」「押さえつける」というよう　に自分の中に捕まえてしまってはいけない

④「ああ今自分は怒っているんだ」と認識したら、もうそれでいい

⑤本当はそれだけで「怒り」を手放せるのですが、初心者の場合はその時お祈りをする　のがいいでしょう。そうすると手放すのがよりスムースに手早くなります

⑥手放せると、今度はその怒りが自分にプラスのエネルギーとして還って来ますので、だんだん元気になっていきます

⑦このやり方に慣れてくると、次第に自動処理をするようになり、生きるのが楽になっていきますよ

あなたの守護霊様からです

「怒りを力に変える術をね、あなたは自分で取得しなきゃね」

命を慈しむ

あやこ

すみません、文章の途中で送信してしまったようなので、もう一度入れさせていただきます。

虚空蔵55さま、みわさま、こんばんは。

わたしが到底想像できないほどのワークを、毎日お疲れさまです。
毎日のように、こちらを拝見させていただいてます。

新たな年を迎えるにあたり、久しぶりに書き込ませていただきました。

日本は大変な1年でしたが、わたし個人としましては、この1年も無事に過ごすことができ、とてもありがたく感じています。

毎日、本当に少しですが、世界平和のお祈りをしていますが、守護霊さまのおかげですよね。

まだ、わたしは虚空蔵さまや守護霊さまのお言葉を頂いたことはないのですが、もしも、その恩恵を受けられるようでしたら、ぜひともお願いいたします。

年明けには体調も回復されるようですが、早く良くなることを願っています。
来年もどうぞよろしくお願いいいたします。
2011年12月31日

回答1

あなたの守護霊様からです

「あなたの周りにある命を大事に」

周りといいましても、家族に限らず、人間というよりはもっと広い意味での「命」のニュアンスです。
あなたが大事にしていないというのではなく、もっと噛み砕いて（咀嚼して）繊細に感じなさい…そうすれば自ずと大事（丁寧に繊細に）になるという事のようです。

考えてみて下さい

虚空蔵55さま、おはようございます。

お返事をいただけて、本当にありがとうございます！

No.1518にあるように、

「上っ面だけをなぞってしまう」
「日々の生活でこれでいいと思ってしまう」

まさにこれに当てはまります。

自分ではなかなかどうしていいものかわからないので、やはりお祈りをもっと丁寧に気持ちをこめて行って、気づかせてもらえるよう努力します。

わたしの周りにある命…。
植物や鉱物のことでしょうか？

すみません、そんなことしか思いつけず…

はじめて頂けたお言葉なので、ちゃんと噛みしめて考えていきます。

虚空蔵さま、守護霊さま、本当にありがとうございました。

2012年1月3日

回答2

「周りの命」についてです。

皆さんそういう傾向は多少なりともあるのではないでしょうか。

月読之大神「そうではあるが彼女の視点というか、もう少しそっちよりになってもいいというところ」

命をぞんざいに扱っているという事でしょうか。

「ぞんざいというより、ぞんざいさえもいかない…興味というか焦点とかそういう類ね」

何に焦点が当たっていないのでしょうか。

「小動物とか自然に限らず…ね」

命って美しいとか素晴らしいとかそういう感動がないという事でしょうか。

「そういうところがこの人は薄いね」

「乾き気味というか、焦点がぼやけている」

何故でしょうか

「精一杯なのよ、自分（エゴ）が生きるというところで」

目の前の日常、生活で精いっぱいで、周りを見るゆとりがない…

「エゴにまみれているという事はそういうことね」

「宇宙全史のワークを見て、探求したいというよりは、救われたいという欲望が強いね」

あなたの**守護霊様**「でもそこから始まる欲望は悪いことではないんだよ」

守護霊様「周りの命に着目してほしい」

今一番着目すべき命とは？

「五感を使うことだね」

何か具体的に

「身近なものでいいんだよ」

どうして具体的に教えて頂けないのでしょうか

「この人が限定されちゃうからね」

でも具体的なことを何か1つでもいいからいってあげないとこの方はわからないのでは

「断定はしないけど、あなた（あやこさん）が愛しいと思うものでいいよ」

すでに愛しいと思っているものを慈しむのはおかしなことですよね

（ここで月読之大神がお言葉を挟まれます）

「ま・より深くというのもあるからね」

「そこから拡大していくのもありなんじゃないの」

(不承不承に私) わかりました
おそらくここはどうしてもあなたに具体的に教えられない部分なのでしょう。

それはあなたがご自身で見つけるか確認すべきことのようです。

どうやら今一番あなたがなすべきことがそこにあるようです。

がんばって下さい

虚空蔵55様、みわ様こんにちは。

わたしには到底想像すらできないほどのお勤め、ありがとうございます。

世界平和の祈りですら、まともにできていないわたしですが、こちらをいつものぞかせていただいてます。

妊娠、出産のお話ですが、大変興味深く読ませていただいてます。

わたしもついに今月母親になる予定です。

こちらでのお話をきちんと念頭において、赤ちゃん、夫との関係を築いていくよう頑張ります!

ありがとうございます。

2012年10月2日

虚空蔵55さま、みわさま

あけましておめでとうございます。

今年もよろしくお願いします。

去年の初めに初めて守護霊様からお言葉をいただきました。

「周りにある命を深く慈しむように」とのことでした。

それから間もなく妊娠がわかり、10月には無事女児を出産しました。

分娩時では、最後の段階で帝王切開になり長い陣痛の痛みと両方味わいましたが、元気なわが子をついに抱くことができ、幸せです。

どんなエネルギーを与えたのかはわかりませんが、虚空蔵さんの子供の話をふまえながら、頑張って育児をしていきたいです。

親になれたことの感謝を常に忘れずに、日々のことに追われてなかなかできていないお祈りもしていけるよう頑張ります。

寒さもかなり厳しくなってきました。
お身体に気を付けてください

2012年1月1日

虚空蔵55様、みわ様

あけましておめでとうございます。

新年を無事迎えられました。ありがとうございます。

こちらで五井先生のことを知り、祈りの中で五井先生と発してはいましたが、正直、先生のことをほとんどよく知らないまま今まできてしまいました。

そしてようやく先日五井先生の著書を読ませていただきました。

「天と地をつなぐ者」です。

難しい表現もありまして、理解できていない箇所もありますが、読みやすく、やっと五井先生と少しだけですが、お近づきになれた気がします。

今更ながらで申し訳ありません。

今後も少しずつ本を読ませていただこうと思います。

2年ほど前に、初めて守護霊様からのお言葉をいただきました。

「周りの身近なものに深い慈愛をむけること」

「心が乾いている」

その後初めての妊娠がわかり、出産間近な時に母の病気、産後に父の病気と、それまでになかったことが次つぎと起こりました。

その時守護霊様はあまり詳しくお話ししてくださらなかったのも、これらのこと関係していたのでしょうか。

なかなか授からず、やっと出会えた娘は本当にかわいいですが、親のエゴでなく、本当の意味での愛情をもって育てていけるよう頑張りたいと思います。

余談ですが、臨月に入っていたある日の晩、夢で年配の男性から、その月の15日夕方5時に産まれると言われました。

その時は、予定日より1週間早いし、夫も休みじゃないし…くらいにしか思っていなかったのですが、産後落ち着いて思い返すと、まさに15日の夕方5時に緊急帝王切開をし、6時に無事出産していました。

14日の夜からの陣痛で、痛みでその夢のことなど全く頭にはないまま、赤ちゃんはなかなか出てこず、いつまで続くのかわからない激痛についに耐え切れず、帝王切開でいいです～！と先生にお願いしてしまいました。

この時夢のことを思い出していれば、「5時に産まれるはずだから、もうあと2時間頑張ろう！」と自然分娩で出産できていたのかな…と後になって思いました。破水も手術直前にしたようでした。

もしかしたら夢の男性は守護霊様だったのかなぁと思っていますが、どうでしょう。

不思議体験をほとんどしたことがないので貴重な体験でした。

くだらない話を読んでくださってありがとうございます。

2014年1月15日

回答3

「もしかしたら夢の男性は守護霊様だったのかなぁと思っていますが、どうでしょう」

守護霊様でした。

その場合2時間我慢して自然分娩まで待っていようとしても、結局は帝王切開になっていましたので、帝王切開で良かったのです。

守護霊様のご指導は「なるべくしてなる」というやり方を好まれます。

日々の生活の中で何も特別なことがなくても、やるべき事をこなし、流れるままに生きていく様こそ、その中で生かされる術もあるのです。

虚空蔵55様

お忙しい中、お言葉をいただきましてありがとうございます。

平穏に過ごせている毎日に感謝を忘れず、歩んでいきます。

虚空蔵様もお身体をお大事に、ワークが進んでいきますように。

２０１４年１月19日

虚空蔵さま　みわ様

ようやく本を一通り読み終えることができました。

想像を凌駕する内容で、これを深く理解するのは、私にとってとても難しいことですが、その私にでもできることは、世界平和の祈りを、気が付いたときに唱えるということだと改めて思いました。

本の中で、すべての宗教がフリーメイソンへのエネルギーとなってしまうと書かれてありました。

神社や仏閣で手を合わせる際に、世界平和の祈りを唱えるとともに、感謝の意（例えば、この土地の平穏をありがとうございます等）や、他者のための祈りは、エネルギーとして搾取されることは無いという認識で良いのでしょうか？

初歩的な質問ですみません。

２０１４年６月28日

回答4

世界平和の祈りで最も大切なところはどこだかお分かりでしょうか?

それは「五井先生ありがとうございます」という文言です。

いつどこで何を祈ろうとも、世界平和の祈りと共に、そこに五井先生がおられるのなら、あなたの中に五井先生がおられるのなら、何も心配することはないのです。

世界平和の祈りの極意がそこにあります

世界平和の祈りを理解できない方は、そこが分からないのです

何もなくていいのです

ただただ「五井先生ありがとうございます」

そんな簡単なことが最も難しいとは、何と不思議なことでしょうか

無邪気な子供のようにただ五井先生を求める心には、何の恐怖も、何の杞憂も存在しないのです

虚空蔵55様、みわ様

おひさしぶりです。

毎日のようにこちらを拝見しております。

しかしながら、虚空蔵さまから伝えられる話のほとんどをきちんと理解できていないうえ、日々目の前の家事・育児に追われた生活しかできていないというのが現状です。

1日のなかで、気が付いたときのたまにしかお祈りもできていません。

回数ではなく、いかに気持ちをこめるか、だったかと思いますが、それもきっと全然ダメなレベルであろうと思っています。

だい様への回答をよんで、今後の世界に対して、怖い気持ちが強まったのですが、私にできることは、毎日やるべきことをこなし、少しでもお祈りを唱えることですね。

今年、2人目の子供が生まれたばかりですが、この小さな子供たちは、私や主人がお祈りを続けたら、一緒に残れるのでしょうか?

また、このままでは2割の人たちしかユートピアの地球に残れないということですが、その世界に残ったとしても寂しくはないのでしょうか？

こんな質問しかできなくてすみません。

2015年6月7日

虚空蔵55さま

質問にお答えいただいて、ありがとうございます。

自分がその2割にはいったものと仮定して考えたとき、家族がそこにいなかったら…という思いと、単純に人口が激減した世界を思い、その質問をさせていただいたのですが、それは『依存』し、搾取しているということだとは思いもよらず、恥ずかしい限りです。

非公開情報を読める恩寵に感謝し、その情報をムダにしないよう、お祈りとともに読ませていただきます。

ありがとうございます。

2015年6月23日

虚空蔵さま　みわさま　こんにちは。
毎日のようにこちらのサイトを見ております。
住まいが愛知県ということもあり、今後くるであろう東海地震の備えも、今までお水くらいしか準備していなかったのですが、本腰をいれて準備いたしました。

日々家事と子育てに追われる身で、毎日があっという間に過ぎていく生活を送っていましたが、こちらで紹介されているＲＩＥさんのセミナーに来月参加することになりました。

今までも県内で行われていたのですが、小さな子供をおいて長時間家をあけることもできず、残念だなぁと思っておりましたが、来月はちょうど主人に預けて参加することが可能でしたので、行ってまいります！

このご縁を大切にしたいと思います。

世界人類が平和でありますように
日本が平和でありますように
私たちの天明が全うされますように
守護霊さま　守護神さま　五井先生
ありがとうございます

ありがとうございました。

2016年6年28日

世界はあなたであり・あなたは世界ではない

あんど

はじめまして

虚空蔵55様、　みわ様

あんどと言います

質問しようかしまいか1週間ぐらい迷いましたが

思い切って質問します。よろしくお願いします。

私自身の話からなのですが私自身大学に入ってから心を病んでしまい病院に通い始めてから16年ぐらい経ちます

最初は病名に担当医の方が触れなかったので鬱と思っていましたが30歳ぐらいに統合失調症と告げられました

体も常にだるく、思考が止まらず暴走し親に色々迷惑をかけました

この体調が好転しだしたのは２０１３年後半です。

何故か劇的に体調が良くなり、そこから少しずつ心の癖を修正しながら更に体調が良くなりました

この2年間クレンジングというメソッドで少しずつ少しづつ観念を消していきました
やり方は心のしこりを考えると体に痛みを感じるのでその痛みが消えるまで味わい続けるというやり方です

この宇宙全史はだいぶ前から知っていたのですが最近読み始めています

私自身クレンジングを通じて世界は自分、自分は世界、自分の観念やカルマが外の世界に反映されてるだけと言うことがわかり、少しはエゴも薄くなったのでは？と最近感じていますが宇宙全史を読んで1つの疑問があります

多くの覚者は世界は完璧、あるがままでいいといいます
私も人に自慢できるほど覚者の本を読んでいる訳ではないので勘違いしてるかもしれませんが覚者は世界を変えようとしてないように見えます

ですが五井先生も虚空蔵55さんも人を世界を救おうとしています

救うという行為の前提は救わなければいけない人間がいる、世界は不完全だという前提が必要です

私は五井先生や虚空蔵55さんも間違っているとは思っていません
そして覚者の言葉も間違ってるようには思えないのです

その2つのスタンスはどう両立するのかが疑問なのです

どちらも正しく感じます

両立するものでしょうか？ それともどちらかが間違ってるのでしょうか？

私も観念をクレンジングしていく過程で自分は本当に屑だなと思いますが、そして私の心の中を外の世界に反映させているこの世界も完璧なのかな？とも思います

こういう質問はなかなかできる相手が見つからないので質問させていただきましたもしよろしければ教えて下さい。よろしくお願いします。

2015年10年14日

回答1

あんど様

「多くの覚者は世界は完璧、あるがままでいいといいます」

●その通りです

しかしそれは1つの見方、ある視点から見た「ビジョン」に過ぎません

●確かにそう見えるかもしれません

「五井先生も虚空蔵55さんも人を世界を救おうとしています」

それも1つの見方にすぎませんが…

「その2つのスタンスはどう両立するのかが疑問なのです」

●すでに書きましたように双方ともあなた方の基準（視野）で見たビジョンに過ぎません

●世界はすでにあるがままで完璧です。

この場合「世界は」であり「あなたは」ではないのです。

まずそこに誤解の種があります。

世界全体は常に動いていますし変化し続けています…が、世界全体としてはそこに働く「律（因果律）」によりすべてが公平に調和を保っています。

例えどこかが不調和に見えても、それを補う働きがどこかで発生しています。

しかし部分（例えばあなたです）ではほぼそのすべてが不調和に見えます。

全体としては調和を常に保っているのですが、狭い視野で部分部分を限定的に見てしまいますと、そこには不条理、不調和が渦巻いて見えるのです。

（例えば過去に人知れず殺人を犯してしまっても罪に問われず逃げおおせたとします。しかし今生では逆にその時殺してしまった人に殺されるという単純な因果応報がありますが、時間が見通せるならばそこには「不条理」「不公平」という不調和が存在しないことが分かります）

覚者はそれを知っていますから今不調和に見える狭い世界も必ずいつか調和すると知っています…というよりも実は本当の覚者はすでに「時間」というものを超えていますので、彼の中では「いつか調和する」のではなく、すでに調和した世界がそこにあるのですが…それは彼以外には知りえない事実なのです。

（ここで誤解をして頂きたくないのでフォローしておきますが「世界が動いているから、いつか調和するために流動的であるから今は不調和なのだ」ということではなく「絶えず動いて変化しつつもそれでもそれは調和されている世界」なのです。いつかはるか未来に完全に調和されたとき、世界の動きが止まり、パーフェクトな形、完全な調和の元にまるで静止画のようになる時が来る…ということはないのです。ちょっと難しいですね）

●ドン・ファンの言い分は、

「公平な観照者であれ」

です。

覚者は調和のとれた世界をかき混ぜようとはしません。

「公平」であるということは、悪に見えることも善に見えることも「同じ」と見ているからです。

だから手を下すことなくただ「観照者」であることを選択しています。

ところが愚かな私たちは「あれは悪いこと」と非難したり否定したりします。

あるいは「これが善だ」と自分の信じる宗教を押し付けたり、憲法や法律をタテに人をさばくのです。

それでは「何もしなくてもいいのか」「何もしない方がいいのか」といいますとそういうことではなく、

私たちは私たちの立場で「精一杯の努力をし、学びを得て」いかねばならないのです。

それを生半可な知識を得て「世界は完全だからあるがままでいい」と知ったかぶり、何の努力も学びもないまま生きていくのは「傲慢」「無知」のそしりはまぬがれないところです。

「私は五井先生や虚空蔵55さんも間違っているとは思っていません

そして覚者の言葉も間違ってるようには思えないのです」

●この質問は仏陀や通常の「覚者」たちの立場の違いでビジョンが異なって見えるのです。

以前宇宙全史のワークの中でこういう質問を私がしたことがあります

「このオーム宇宙の中で最も高度な覚醒をした存在はどのような存在でしょうか」

月読之大神

「それは…まあ、あなたがいうところのインドあたりの覚者たちがそうかもね」

「完全覚醒ね」

「ドン・ファンたちなんかもそう」

「ちょっと毛色が変わっているけどね」

●もっと上の覚醒ってあるのでしょうか

「そうねえ…仏陀たちのそれは確かに凌駕しているねぇ」

●えっ？

仏陀や五井先生は上なんですか

「そう…「自由」というファクターでいうとより自由な覚醒だね」

ご説明します。

仏陀や五井先生も覚醒されていますが「公平な観照者」という立場を守っておられません。

そこには、

「たとえ部分的に苦しんでいるにせよ、苦しみは苦しみ」

と明確に看過したうえで「手出し」をされています。

つまり彼らには「手出しする」あるいは「手出し出来る」という「自由」があるのです。

その「自由」をもたらしているのは彼らのゆるぎない「慈悲」によっています。

実はあなたのおっしゃるように私も「手出し」はしています。

（今はまだエネルギー量が足りませんので限定的な「手出し」ですが）

しかし私の「手出し」の動機は仏陀たちとは異なり「面白い」というちょっと不純な動機です。

いずれにせよ通常の「完全覚醒」よりは「手出し出来る」という部分において「より高度（自由）な覚醒」

といえるようです。
（ちなみに私は上の方たちの「大人の事情」によりまだ覚醒しておりません）

「覚醒」とはすべての因果律・囚われからの自由です

そういう観点からしますと、この宇宙を超え久遠の時をも超えた「覚醒」とはいかなるものなのでしょうか

実はたまにそういう問答を月読之大神とはしているのですが、ここに書くような質問が来ないのでお蔵入りとなっています

今回の質問はそういう意味ではちょっと面白かったですね

「こういう質問はなかなかできる相手が見つからないので質問させていただきました」

●それは私も同じなのです

ここでは質問すれば（ほぼ）何でも答えてもらえるという信じられないような環境があるにもかかわらず、

答えがいのある質問があまりないのはさみしいものです

虚空蔵55様、　みわ様
あんどです
質問に答えて頂いて納得できました。ありがとうございました。
言葉は軽いですが〝すげー〟というような感じで何回も熟読しました。

自分なりに覚醒にも段階があるのかな?と漠然と考えていましたが、明確に答えていただいたので良かったです
あと〝世界は完璧〟をちゃんと理解できていませんでした。自分を含めたり含めなかったりごっちゃになっていました。

初めての質問だったので自己紹介と質問1つにしないと文章が長くなるという判断からあまり自分の質問はしませんでしたが、自分の事を質問して良いでしょうか?

自分の事と悟りについて

ドンファンは夢見の技法は学生時代に途中まで読んだ覚えがあります

明晰夢に興味があってその当時それ系の本を買いあさっていました
夢の中で自分の手を見て景色を見て交互にやるを実践しようとして夢の中で友人にやめろと止められたので
それ以降しませんでした（自分には早かったんだと思います）

なぜ夢の話をするかというと
当時明晰夢が得意でほぼ毎晩ぐらい明晰夢に入って見かけた人物に〝豊かになりたいどうしたら良いか？〟など
いろいろ質問していたのです（くずだなぁ）
依存心が強かったので占い感覚でやっていました（今はしていません）
そしていろいろな流れである時自分で考えろというような拒否のメッセージを受け取ったのです。（自分ではそう思っています）

それから守護霊やスピリチュアルメッセージを受け取ることが怖くなり自分で考えなければいけないという生き方に変えました。

ですから守護霊や守護神やもっと高度（？）な存在に話を聞くことに抵抗があります
聞いたら多分怒られるような気がしてならないのです。多分怒られます。

ですが行き詰まりを感じているので質問したいのです。怒られるの覚悟で

①自分の今後の生き方について

クレンジングをしているのは前回書きましたが自分でもびっくりするぐらい穏やかに生きられるようになっています
こだわりや価値観、こうであるべきという観念を一個一個消していっていますが
なぜか宙ぶらりんな中途半端な状態のように感じます。
普通の人が持つこだわりや価値観がなくなっていますが、かといって覚醒とか2元性を超えるとか
そんな状態ではもちろんありません
自分の起源（?）、自分の集合魂の目指すもの、今世の自分のテーマを教えて下さい

②覚醒について

前回省いた質問なんですが、
覚醒にメソッドがあるのでしょうか?
掃除してたら悟ったとか、バスの中で悟ったとか本で見たんですが、なんの脈絡もなく覚醒しているように思えます
方法がないのならば自然の成り行きに任せるしかありませんが、なんか腑に落ちません
思考を止めた状態の気持ちの良さを感じ続ければ良いのでしょうか?
観念を消し続けた先にあるのでしょうか?
〝在る〟を感覚的に理解する段階に至っていません

メソッドなんてないと覚者は言います。本を見ても前の状態と悟った状態の話しかなく
そのあいだの架け橋となるものはないのでしょうか？

以上です

前回の質問も回答してもらえたらラッキーだなとか気長に待とうとか考えてたらすぐに返答を頂けたので
有り難かったです

気長に待ちますし、回答をもらえなくてもいいやぐらいの気持ちで待ちますので
すごく暇な時があれば質問の返信お願いします。よろしくお願いします。

２０１５年10月17日

回答2

「①自分の今後の生き方について」

●この質問にはお答え出来ないようです。

あなたの守護霊様からストップが出ています。

「自ら探求せよ」

という事らしいので、ご自分でがんばってみて下さい。
夢見も再開していいようですし、色々試してみるのも時期が来ているようです。

「②覚醒について」

●覚醒にメソッドはありません。

あるとしたら覚醒に至る寸前まではその方に応じたメソッドは確かにあります。

「方法がないのならば自然の成り行きに任せるしかありませんが」

●自然の成り行きで覚醒など絶対に出来るものではありません。

そもそもこの世に「自然の成り行き」などというものは存在しません。
森羅万象すべてにそれぞれの意図がありそれぞれの意思があります。
その意図は守護、神霊のものかも知れませんし、宇宙の意思かも知れません。
いずれにせよあなたが思っておられる「自然の成り行き」は存在しないのです。

もうご存知だと思いますが「覚醒」には様々な段階があり、人それぞれの「覚醒」があります。
そしてその覚醒に至るには、人それぞれのメソッドがあり、人それぞれの守護の応援が絶対に必要なものなのです。

あなたが覚醒を望むのなら、あなたの出来る限りの力を発揮し、方向性を保つ生活を維持しなければなりません。
しかしそれだけでは人は絶対に覚醒には至らないのです。
宇宙全史ではそれ以上のものを延々教えていたはずですが、どこまでみな様は理解されているのでしょうか。

一時期ためしにということで胸のチャクラを（ある程度の時期が来た方の）開いたことがありましたが、ほぼすべての方がそこで詰まってしまっています。
それはそれ以上の覚醒に至る大きなメソッドがここで説かれていたのですが、皆さんスルーしていたからでした。

私は現在エネルギー量に限りがありますので「弟子」という負荷を引き受けることが出来ません…しかしその代わりにどこからも得られないような貴重な情報をほぼ無制限に提供することは出来ます。

ただその情報を生かすか黙殺するかは皆さん次第なのです

回答3

【非公開権利希望】

虚空増55様、みわ様、五井先生　月読之大神様

いつもありがとうございます。あんどです。

お久しぶりです。

BBSを毎日拝見させて頂いていますが、今回非公開権利希望で書き込みさせていただきます。

本日株を取得致しましたので診断の方お願いします。

追加で質問も可という事ですので

1つずっと以前から気になっていた事を質問したいと思います。

《以下質問は割愛します》

2016年9月26日

このメールであなたは非公開情報9からの権利者となりました。

確定作業を行って下さい

（なお質問は大体あなたのおっしゃる通りです・ただ直接の関連はありません。また他の方のブログなので掲載は不許可になっています）

虚空蔵55様　みわ様　月読之大神様　五井先生

非公開情報9無事届きました。
非公開情報の許可が降りた時は大変嬉しく届くのを楽しみにしていました。
内容は興味深く、少しずつエゴを薄くしていこうと思います。
何か質問はないかと考えましたが何も思いつかず、、、
一言お礼だけでもと書き込みました。

今後とも宜しくお願いします。

2016年10年1月

虚空蔵55様　みわ様、いつもお世話になっています。

あんどです。

現在、私は宇宙全史非公開情報　Fグループなのですが
他の非公開情報に興味があり、ぜひ拝見したいと考えています。
ハードルは高そうなのですが、許可を頂きたいです。

特に非公開情報7はぜひ読みたいです。

上の文章だけでは失礼なので近況を書きます。

1年ぐらい前に書き込んだ時、ふわふわした感じとか宙ぶらりんのように感じると書き込みましたがだいぶ精神的に安定してきました
私の環境を他人が見たら、底辺に見えると思いますが底辺で安定したといいますか
あまり不安や恐怖を感じなくなりました。

2回書き込んだ後の話ですが性欲がガクッと落ちました。今も少しづつ落ちています。
年齢なのかな?とも思うので関係ないかもしれません
現在40手前です

回答4

性欲が起こるトリガーのような観念（性癖のような?）を味わっていたらストンと性欲が落ちたので、パニックになり間違ったことをしたのかと混乱していましたが
1年経ったので大分落ち着いています

世界平和の祈りは自分のペースで唱えています。まだまだ努力不足です。
〝五井先生、五井先生、五井先生、、、、〟と唱えることが多いです。

あとアドバイスで夢見を始めても良いとの事でしたが、
そのアドバイスを聞いた当初はもう夢見はこりごりという感想しかなかったので保留だったんですが
夢で普段掘り起こせないような観念（エゴ）が現れることに気づいて夢の内容を参考にエゴをだいぶ薄くできたと思います。
アドバイス最初は信じていませんでした。貴重なアドバイスありがとうございました。

以上です。

よろしくお願いします。

2017年10月20日

「却下」

「未だ許可時期ではありません」

と降りてきております

虚空蔵55様　みわ様、いつもお世話になっています。

お返事ありがとうございました。

時期が駄目で時が経てば良いのか
自分自身の努力がたりないのか
そのどちらともなのかわかりませんが
めげずにまたいつか許可申請に挑戦したいと思います

その他の章

アジャーラ

虚空蔵55さんの書かれている、地球という星に、人間を主体にする宇宙でも貴重な物質界を実験的に創り出した割には、「JUMU」という管理組織は、実にいい加減で、怠慢ですね。我々人間界でさえ、注目される研究・実験では、管理側は、真剣に慎重に観察します。もし、少しでも異常な事があれば、しっかり検討して行きます。他の色々な高級霊からの情報でも、地球・人間を守る組織はもっとコンピュータみたいなものでしっかり、慎重に監視し、見守っているとの事を聞きます。いかがでしょうか？

2011年10月29日

回答1

「我々人間界でさえ、注目される研究・実験では、管理側は、真剣に慎重に観察します。もし、少しでも異常な事があれば、しっかり検討して行きます」

本当にそうお考えでしょうか？

今回の原発事故においても、原発には多くの科学者や管理者が関わっていたはずです。

その結果をどうお考えなのでしょうか？

現状の国民年金の管理においても、政治家や官僚が「国民のため」という看板の元、私たちから強制的に吸い上げた年金をどれだけ勝手に無駄遣いしてきたことでしょうか。その結果、私たちはやがてまともに年金を受け取れない時代を迎えなければならないのです。

ＪＵＭＵは人間界の反映であり、人間界はＪＵＭＵの反映でもあるのです。

それはお互いに影響し合っています。

「他の色々な高級霊からの情報でも、地球・人間を守る組織はもっとコンピューターみたいなものでしっかり、慎重に監視し、見守っているとの事を聞きます」

この情報源はどこから来ているのでしょうか。

この掲示板に書くときは、出来る限りその情報の由来をお書きください。

そうしないとあなたの希望的観測や、思い込みが集めた情報を元にした議論になってしまいます。

そもそも人間を管理する高級霊がしっかりと慎重に監視し、人間界においても真剣に慎重に観察して、何か異常があればしっかり検討しているものならば、私たちはどうしてこれほどはかなく、不安で、よりどころがないのでしょうか？

確かにＪＵＭＵは怠慢といわれても仕方のない部分も持っています。

中には優れた科学者や優れた教師もいますが、最終的には管理者たち（地球でいいますと国会、官僚のような立場の者たちでしょうか）が人類をどう導くかということを決定していきます。

それは全く地球人類の有様と同じシステムを持っているのです。

人類の大多数がエル・ランティ、もしくはエホバを崇拝すれば、人類は地上でその支配下にある宗教色（政治色）に染まっていきます。

またアメリカに代表されるプレアデス派閥を選択するのなら、人類は選民主義と金権政治、格差社会という時代を迎えるのです。

ＪＵＭＵが怠慢なのは、人類が怠慢だからなのです。

そして人類が怠慢なのは、ＪＵＭＵが怠慢でもあるからです。

このコインの裏表のような関係性を脱するのはどうすればいいのかをよくお考えください。

ａｍａｍｉｎ

初めまして

質問以外ですみません。

突然ですが、ある霊能者に

『来年、伊勢神宮へ行けば、エネルギーを与える。今年はまだそれを受取る器ではない。』と私の頭上を見上げながら語ってくれました。

そして私は14日から15日の波動調整を受け取らないようです。

第2巻を楽しみにしています。

①

昨日本屋で「宇宙全史　質疑応答1、2、3」を見つけて、なんとなく手に取って購入しました。1を早速読み始めて、宇宙全史という本が他にあることがわかり、このURLを見つけました。まだ何もわからない状況ではありますが、宇宙全史を読んでみようと思います。アセンションがすぐですので、何かをしなくてはと思っています。今般若心経を毎日読んでいますが、世界平和の祈りもしていこうと思います。私の前世、カルマ、やるべきことをお教えくださいませ。

2012年5月30日

②

虚空蔵55様　みわ様　ありがとうございます。本日遅ればせながら「宇宙全史1」を読み終えました。衝撃的な内容にまだボーッとしておりますが、何とか理解して、肉体をもってアセンションしたいと、できるものならですが、ぜひ実現できるようになりたいと思います。何から手を付ければよいのか…、今はちょっと混乱していますが、まずは基本的なことで恐縮ですが、毎日の祈りについてですが、世界平和のお祈りについては、守護霊様守護神様五井先生ありがとうございます。と名前を入れてありますので、エホバへはエネルギーを取られることはないと思いますが、私たちが「神様○○をお願いします。」というとエホバへつながってしまうのですね？「神様、ありがとうございます。」という感謝の気持ちだとOKというふうに解釈したのですが、そういうことでしょうか？般若心経を毎日唱えていますが、これは良いのでしょうか？幼稚な質問で恐縮ですが、よろしければお教えください。

2012年6月4日

回答1

「私の前世、カルマ、やるべきことをお教えくださいませ」

月読之大神「まだまだだねえ」

ということでしたが、あまりにもそっけないので、あなたの守護霊様にお聞きしました。

守護霊様「もう少し力を抜いてもいいんじゃない」

力を抜いてどうすればいいのでしょうか

「力をぬいてリラックスすると、私の声が少し聞こえやすくなるんだよ」

どうもあなたはがんばり過ぎて、ふさいでしまっている感じです。

余裕がないというのでしょうか…

般若心経は唱えていてもいいのでしょうか。

「それはかまわないのだけど、どうもこの人は何事も集中して求めすぎなのよね」

「般若心経は短いお経だから、まあね…一般的にお経に傾倒する人は、何かやんなきゃいけないとがんばり過ぎて余裕をなくしやすい」

求道というかそういう方面に行き過ぎているのでしょうか。

「行き過ぎというのは違うのよ」

「何事も余裕があっていくのが一番いいのよ」

もう少し周りを見回して、生活に余裕をもってというところでしょうか。

私たちもそうですが、上の方が求めておられる「平常心」「平静さ」ドン・ファンがいうところの「非情さ」というものが、思ったよりも大切なもののようです。

「毎日の祈りについてですが、世界平和のお祈りについては、守護霊様守護神様五井先生ありがとうございます。と名前を入れてありますので、エホバへはエネルギーを取られることはないと思いますが、私たちが「神様○○をお願いします。」というとエホバへつながってしまうのですね？「神様、ありがとうございます。」という感謝の気持ちだとOKというふうに解釈したのですが、そういうことでしょうか」

どういう名前を唱えようが、どこにつながろうが、あなたに無い私の思い、本当の人への思いやりしかない願いがあるのなら、それは自ずとつながるべきところにつながるのです。

しかし問題は「本当の思いやり」というところです。

うわべだけの「思いやり」

世間体を気にしての「親切心」

周りを見ての「友情」

自分の保身のための「祈り」

これらはすべてエホバにつながっているのです。

エホバやエル・ランティなど全く知らない人であっても、何も知らない小さな子供であっても、その祈りが純朴なものならば、どこにつながるかということなど問題ではないのですが。

ただ現状の人類には、そうした宇宙全史にある構造を知らせてからでないと、エゴを薄くしていく過程を理解させることが難しいということがあるのです。

そのために私が使われているのかもしれません

虚空蔵55様
みわ様
月読之大神様

いつもありがとうございます。先日は私の質問にコメントくださいましてありがとうございました。まさかお答えをいただけるとは本当に嬉しかったです。月読之大神様からは「まだまだだねえ」守護霊様からは「もう少し力を抜いてもいいんじゃない」とのお言葉を頂戴いたしました。やはり私の魂、修行が足らないのですね。これからはもっと余裕をもって、リラックスして守護霊様のお言葉が聞けるようになりたいと思います。真剣に2038年のときにアセンションできるようにエゴを見つめ、できるだけ無くしていく所存です。魂磨きのために特に気を付けるべきところがありましたら、お教えいただければ幸いです。カルマについて、私は今世においてでさえ、たくさん自分で作ってしまいました。カルマの解消が間に合えばいいのですが…。頑張ります。

2012年6月21日

虚空蔵55様
月読之大神様

みわ様
ここBBSの皆様

いつもお世話になっております。
ありがとうございます。

株を取得いたしました。
非公開情報9の取得を希望いたします。

6年ほど前からこのサイトを見つけて、勉強させていただいております。

私は、祖父母が熱心な大本教の信者でしたので、宗教色の強い環境の中に育ちました。
子供のころは反発しておりましたが、宗教は嫌だけど、神様は存在するという思いだけは醸成された子供時代を過ごしました。

大人になって、様々なオカルトチックな経験もして、精神世界の本を読み漁りましたが、結果的にはエゴまみれ、カルマ造りの人生であったように思います。

6年前、主人が前立腺の末期がんを宣告され途方にくれてた時に、古い友人（岡田光子さん）が神様（岡田さん曰く、大御親様と言い、この宇宙を創った方）と話ができるということがわかり、10年ぶりに会いに

行くと、

「夫婦が和合していないから」

「ご先祖様が苦しんでいるから」と言われ、

「般若心経をご先祖様と夫に対してあげなさい。」と教えてもらい、その通りにしたら、末期がんなので、手術ができないとお医者様からは言われていた主人のがんでしたが、手術ができることになり、その後の再発も今現在はありません。


その後は月1回岡田さん宅に伺い、「大御親様」=神様のお話を聞くということを続けておりますが、岡田さんは円応経のご縁で大御親様の言葉を話すようになったとのことでした。私は宗教に組されることは嫌でしたので、入信はしておりません。


私は五井先生のお祈りを知ってから、そのお祈りが私には一番納得です。

宇宙全史にも、BBSでも宗教のエネルギーはすべからく地球のエネルギーの略奪者たちのもとに取られると書いてありましたので、円応経も同じであれば、岡田さんが通じている神様も同じように取られる存在なのかと疑心暗鬼になっています。


般若心経はありがたいお経であるとのことですから、五井先生のお祈りとともにお経も上げています。

今は、自分の世界はすべて自分でつくっていることだけはしっかりと納得していますので、責任を他者に負わせることはありません。

これからの地球にも存在して、人のお役に立てる人となりたいです。

しっかりとカルマを消し、エゴを薄めて、次世代の地球で天命を全うできる人として生きたいです。

今後もこちらのサイトで勉強続けます。

どうかよろしくお願いいたします。

2017年1月7日

回答2

非公開権利者（Fグループ）の許可が降りています
所定の手続きを行ってください

あや
こんにちは。
どうにか宇宙全史を購入したいのですがもう一度増刷していただくことはできないのでしょうか

よろしくお願いします
2009年6月14日

回答1

「宇宙全史」第1巻の購入方法は、すでにここのBBSで何度か書いてあります。
増刷に関しましては、いまだ予定はありません。

こんばんわ。
ご返答いただき、ありがとうございました。
これからも、頑張ってください！
2009年6月11日

回答2

「宇宙全史」第1巻はお手元についているでしょうか。

このBBSをよくお読みになれば、簡単に手に入ることがお分かりだと思いますが、それが出来る方がどれだけおられるのでしょうか。

このワークはみな様がたにとっては、あまり気持ちのいいものではないかもしれません。

質問をすれば、ケチョンケチョンにいわれて、おそらくエゴはボロボロになってしまうかもしれません。

それでも事実を（かなりやさしく）お伝えしているだけなのですが、その事実を直視出来る方が、これまたどれだけおられることでしょうか。

有難うございました

虚空蔵55さま、みわさま、こんにちは。

おかげさまで、宇宙全史を読ませていただいています。

しっかり理解できるよう、頑張ります。
特にイエスさま、マリアさまの所は、知ることができてうれしいです。
色々なことがゆがめられてる中、真実を知ることが難しいので。
あと、マイケル・ジャクソンさんのお話、とても楽しみです。
ぜひ聞いてみたかったので。
よろしくお願いします。
これからも頑張ってください！
ありがとうございました。
2009年7月11日

回答3

マイケルのお話は「まだちょっと生々しいので」という理由で、公開却下となりました。

そのうち非公開情報の中にでも入れ込みます。

非公開情報No.3の誓約書が届きました。ありがとうございます。

質問です。株は私の意志で買ったのですが、株の買い方もパソコンの操作もあまりわからないので、お金は私が出して手続きなどは父親にしてもらいました。なので株主の名前は父親になっていますが、実際に非公開情報を読んでいるのは私だけです。本来なら非公開情報を手にするのは株主名の父親なのに、自分がそれを読むことで守秘義務が守られていないということになるのでしょうか？その場合どうしたらいいのでしょうか？

この質問は株を購入した時に聞かなければいけなかったのですが、私の怠惰で今頃になりました。

今回の誓約書にご自身のお名前を書いて下さいとありますが、株主の父親の名前でいいのか私自身の名前を書いた方がいいのか悩んでいます。どうかよろしくお願いします。

２００９年10月20日

回答4

誓約書には彩様のお名前を書いておいて下されば結構です。

ありがとうございました。早速送りたいと思います。またわからないことや聞きたいことがあったら質問させて下さい。よろしくお願いします。

2009年10月23日

明けましておめでとうございます。昨年はお世話になりました。

いまは自分なりに気づきがあり頑張っているところです。これも宇宙全史に関わっている皆様のおかげです。ありがとうございます。また今年もよろしくお願いします。

2010年1月3日

天の川

初めまして。

質問ではなく、意見というか感想です。

この本は元々レム側で宣伝されていたことから、これまでの霊言を地上的知性で理的にまとめたつまらない寄せ集めの知識書なんだろうと思って、一切無視していました。しかし一ヵ月前ここちらの紹介ページや目次を見ると、これまでのまとめでは全然あり得ない、極めて衝撃的な内容。

あらためて近くの大型書店で返本される直前で購入しました。

が、全体的な感想はまだ書ける段階ではありません。

信者よりは、懐疑的部分もたくさんありますが、追求して真実を知ることはまず不可能です。

しかしユニーク性や自律的なソース、純粋性を持っていることを高く評価しています。


とりあえず今回は、7月13日のお答えに共感する描写があったため書かせて頂きます。

虚空蔵55さまが、五井先生を慕って認めておられるのは、外国のチャネラーとの対談本で知っていましたが、「宇宙全史」に書かれている五井先生の姿は、話したことはありませんが親近感を持っていた私には自ずと共感できるものです。

レムに聞いたときに「暗い世界にいる」という答えは、自分で見て言ったのではなく、彼女が信じていた大川・法氏の本や発言からの知識=鳥のオウムと同じ受け売り発言のように感じました。

大川氏は、なぜか新興宗教家の中でも五井先生を目の敵にしていたような雰囲気があり（高橋氏もそうだったらしい）、講演や著書で何度も間接的に厳しく教えを切り否定しています。

それで師である谷口氏は如来界最上段階とか…教えは光明思想でかなり共通点があるのに、私もこれはちょっとおかしいと感じていました。

さて今回の追伸に書かれていた白髭の老人ですが、虚空蔵55様は、五井先生の詩集は読まれたことありますか？

雰囲気がシンクロしていてとてもフィーリング的に似ているんですよね。

「至聖先天老祖」という銀河に棚引く白髪三千丈の夢幻（無限）的な神影のイメージに。

又の名を天之御中主之神一宇宙神としての。

五井先生は、釈迦、キリスト、老子、弥勒、金星の長老の五聖者を導き束ねる存在として認識されていたようです。


これはたいへん目出度いイメージです。

それを一言言わせてもらいたく、初めて書かせて頂きました。

２００８年7月14日

あんな
助けてください。

２０１４年３月18日

回答１

私は今まさにそれをしているのです

虚空蔵55

その他の章

あとがき

これから何冊出せるか分かりませんがウェブ上での質疑応答や皆様の感想などをまとめて資料として残しておこうと思います。

きっと皆様の身近な疑問や感想が難解な宇宙全史の理解の一助になると信じて出し続けたいと思います。

今は２０１８年ですが、その冬至の夜（12月22日）に私たちは大きな満月を見ることが出来るはずです。

冬至の満月は珍しく、ある種の成就がそこで実現する予定です。

吉兆は乖離(かいり)し　その因はすべからく人心にあり
偉(おお)いなるものの顕現に　畏(おそ)ることもなく
次の世を　垣間見る人々に　幸あらんことを

そのためにもこの質疑応答でよくよく勉強なさってください

虚空蔵55

世界平和の祈り

世界人類が平和でありますように
日本が平和でありますように
私たちの天命が完うされますように
守護霊様　守護神様
五井先生
有難うございます

宇宙全史第1巻　地球全史篇

目次

●月の誕生（45億６０００万年前）
●スノーボールアース（40億年前）
●シマシマ惑星消滅（38億８０００万年前）
●地球生命誕生（38億２０００万年前）
　原核細胞
●1万年後・真核細胞発生
　核膜の意味「多様性を生むシステム」
　酸素代謝発生
●多細胞生命の発生（38億１８００万年前）
　共生細胞
　地上を覆うオーロラ現象
　地球座標系基点（36億年前）
　ミトコンドリア誕生・細胞膜二重のなぞ
　葉緑体誕生・細胞膜二重の意味はミトコンドリアとは正反対
　最初の地上生命（30億年前）
　最初の脊椎動物（17億年前）
　地上動物出現（13億年前）
　マントル対流の整備
　アンモナイト出現（10億年前）
　カンブリア爆発の仕込み（巨大アリ塚）
　肺魚発生（8億年前）
　巨大昆虫文化（6億年前）
●エディアカラ紀
●カンブリア紀
●オルドビス紀
●オルドビス紀の大絶滅
　隕石群の襲来（４億３５００万年前）
　隕石がもたらしたＤＮＡ
　酸素濃度３０パーセントの大火災
　小氷河期
●シルル紀
●デボン紀
●板皮魚類 デボン紀後期
　ボトリオレピスの泳ぎ方（長いヒレは腕だった）
　ドンクレオステウス
　ステタカントゥス（化石だけからでは絶対にわからない事実）

第4章・エル・ランティ

第5章・地球全史2

ポールシフト

隕石落下

●ジュラ紀（2億年前〜1億3500万年前）

●ディモルフォドン（初期翼竜・1・5〜2・5メートル）

●クリオロフォサウルス（7メートル前後・今の南極に生息）

頭のとさかの秘密

●プラキオサウルス（ジュラ紀後期・25メートル）

性器にあった1本の骨

●始祖鳥（ジュラ紀後期）

●ステゴサウルス（北米）トゥオイイアンゴサウルス（中国）

●ジュラ紀後期〜白亜紀前期

●史上最大の恐竜（白亜紀）

●地上で最大の恐竜

●1億8600万年前「イシュタル文明」

●ジュラ紀の大絶滅（1億3500万年前）

●白亜紀（1億3500万年前〜6500万年前）

●スピノサウルス 11メートル 白亜紀前期

（1億2500万年前〜9500万年前）

●テリジノサウルス（大鎌トカゲ）白亜紀後期

巨大な爪のわけ

●ティラノサウルス 8000万年前〜6500万年前

Tレックスは主流ではなかった

どうやって寝ていたか（姿勢）

Tレックスのセックスと受精・産卵

呼吸は窒素代謝（青緑色の血）

●6558万年前・JUMU新しい人類を降ろす

その10の形質

アダムとイブの源流

●白亜紀末の大絶滅・6557万年前

（大隕石が3個）

●人類が獲得すべき形質

●その形質が獲得された時

●まだ達していない形質

第6章　地球全史3

第9章　フリーメイソン

「宇宙全史」質疑応答1

目次

「宇宙全史」質疑応答2

目次

#「宇宙全史　質疑応答3」

目次

第5章　虚空蔵55の正体

●「本文より」←

私たちは覚醒するまでは全員例外なく「黒魔術」にかかっています。

どんなに立派なことをいっていても、どんなに立派な行いをしていてもその行為は偽善と自己保身、自己顕示欲の裏付けに過ぎないのです。

中世のヨーロッパで頻繁に行われた「魔女狩り」というものがありましたが、魔女が使う「黒魔術」を当時の人々は恐れ、手当り次第に教会と共に魔女と決めつけた女性を火あぶりにしていました。

しかし本当に黒魔術にかかり、その黒魔術をかけてもいたのは火あぶりにしていた人々でした。私たちはその時も今現在もすでに「黒魔術」にかかっているのです。

その黒魔術は親から子へ、教師から教え子へ、政治家から民衆へ、会社の上司から部下へ、友達から友達へとかけられ、またかけ続けてもいるのです。

私たちは戦争というものを嫌っています。しかし相変わらず世界のどこかでは紛争、戦争が続いています。

私たちは平和で幸福な人生を願っていますが、どこかで誰かが無駄遣いをしているために、高い税金と過酷な労働、日常性の決まりきったルーティンにはめ込まれているのが現状です。

それはまるでモルモットがクルクル回るカゴの中で、死ぬまで走る続けることを強制されているようなものですが、しかしそれを望んでいるのも人々なのです。

それは人類そのものが黒魔術にかかり、また黒魔術を他人にかけ続けているからということでもあるのです。

私はその黒魔術から皆様を解き放とうとしているのですが

……

「宇宙全史別巻　20年後世界人口は半分になる」

目次

第5章　封印されていた私たちのワーク

あとがき

「宇宙全史別巻2　誰が地球に残るのか」

目次

以上、目次を紹介した「宇宙全史1　地球全史篇」「宇宙全史質疑応答1」「宇宙全史質疑応答2」「宇宙全史質疑応答3」「20年後世界人口は半分になる」「誰が地球に残るのか」の書籍はまんだらけのホームページからの通販でもご購入できますし、電話、お手紙でも申し込めます。

お気軽に通販部あてにお問合せください。

電話　03−3228−0007
住所　〒164−0001東京都中野区中野5−52−15
株式会社まんだらけ 通販部

※非公開情報の取得は現在（2016年2月〜現在9月）まで定員に達しクローズしています。以下の文章は、クローズ以前の取得手順です。非公開情報に関しましてはリアルタイムで変更がありますので、なるべくウェブ上で確認して頂くか、パソコンが苦手な方はまんだらけに直接お電話いただければお答えいたします・宇宙全史担当までご連絡ください。

「非公開情報」について

（これは通常の通販では購入できません）

現在非公開情報は取得資格を得たのちに購入することが出来るものが9冊あります。目次を公開できるものは書いておきます。

非公開情報の資格取得方法は、

① まんだらけの株を1単元以上購入する（現在1単元は100株になっています）

② 株を購入したら、購入日付と証券会社名を書いて「非公開情報権利取得希望」と書いてメールか手紙でまんだらけに送る（ウェブ上にはそのフォームがありますから、そこからお申込みの方はその手順でお願いします）

③ 非公開情報の取得権利を得た方には、シリアルナンバーが発行されます（シリアルナンバーは再発行いたしません。ご自分で厳重に管理してください）

④ この時点から非公開情報を取得できるようになります

⑤ 後に株を売却された方はその資格を失います。あくまでも株をお持ちの方のみの権利となります（売却ののち再購入された方は、新規でのお申し込みとなります）

非公開情報は1部1000円です。お1人が1部しか購入できません。なお「非公開情報1」はその性質上既に購入は出来ません。3は発行されていない状態です。

「非公開情報2」

「非公開情報6」

- ●洞爺湖アイアンマンの顛末
- ●パラレルワールドの解明
- ●明かされる新たな事実
- ●地球人類のための地球
- ●世界移動ということ
- ●残してきた世界
- ●宇宙の最前線
- ●さらに明かされるこの宇宙の最前線3・28次元の本当の意味
- ●不可思議な存在・魔道師
- ●なぜここに私がいるのか
- ●次元の追加情報
- ●特異な遊撃手

「非公開情報7」

- ●初めに
- ●「20年後世界人口は半分になる」の難解さ
- ●これまで開示許可が降りなかった二人の前世
- ●大原女さんの前世
- ●生贄となった生の因となる前世（前ローマ時代）
- ●地獄の蓋が開くとどうなるか
- ●大原女さんの恐怖解消の本当の意味
- ●2014年9月18日（木）
- ●スバルさんの前世
- ●翡翠さんの前世
- ●どっぺんさんと翡翠さん
- ●黙示録追加（移行期始まる）
- ●デング熱の真実
- ●子供を狙う陰始勢力
- ●始まりつつあるかすかな変化
- ●ワールドカップは何故負けたのか
- ●ツールドフランス
- ●東京タワーとスカイツリー
- ●天皇制の消失
- ●東京の詳細な陥没場所
- ●エネルギー
- ●これからの動乱期をこえて20年後のユートピアに生き残る一つのあり方
- ●御嶽山噴火
- ●反転したということ(価値観が変わるという本当の意味)

●これからの動乱期（移行期）に起こる現象
●20年たってその後の地球はどうなるか
●戻って来る妖怪たち
●宇宙全史への攻撃

今回はここまで
（書き残した部分です）
←
●最前線の指標（印）
●反転する攻撃
●私の覚醒
●太陽を見る
●光のコイル
●最後の攻防
●おまけ（イルプロラシオンの覚醒した3人）

「非公開情報8」

第1章「どっぺんの前世」（リアルな転生と集合魂）

1・「ベニスの商人」
2・「腑分けに興味があった」
（手に持つナイフの意味）
3・「暗い情動の源」
4・「頑固さと頑迷さ」（当時の天命）
5・「集合魂というものの本当の有り様」
（今生につながるサメ狩りの時とベニスの時）
6・「エゴを薄くしていくと集合魂との
同通が出来るようになる」
7・「どっぺんさんの集合魂の意図」
8・「集合魂のカルマの刈取り」

第2章「スバルの転生の謎」

1・「集合魂が持つエネルギー」
2・「ついに明かされる真実の前世」
3・「蠱毒」
4・「スバルさんに求められるもの」
5・「エンディング」
6・「その後のスバル」
7・「ワームと魔女」

好評既刊

宇宙全史1 地球全史篇

みわ
虚空蔵55

六四〇ページ／定価・本体三〇〇〇円＋税

幸運とはこの本を手にした者の運命である。絶望とはこの本を手にした者の運命である。秘められた人類の秘密がここに明らかに。果たしてあなたはこの真実と向き合うことが出来るのでしょうか。

好評既刊

宇宙全史 質疑応答1

みわ
虚空蔵55

三〇四ページ／定価・本体一四二九円＋税

これまでの人の過去世の常識がくつがえされていきます。その現実をあなたは直視出来るでしょうか。質問者の自我が打ち砕かれていきます。自らの責任は自らが背負うという原則がどこまでも問われます。

好評既刊

宇宙全史 質疑応答2

みわ
虚空蔵55

三三六ページ／定価・本体一四二九円＋税

恐竜達は窒素代謝だった。しかし当時窒素型のエサは存在しなかった。彼らはどうやって生きのびたのか？誰も知りえないアメリカ9・11同時多発テロの真相。霊界から見たすべてがここに公開される。

好評既刊

宇宙全史 質疑応答3

みわ
虚空蔵55

三二〇ページ／定価・本体一四二九円＋税

宇宙の黎明期から星々での転生・弥生時代・江戸時代と時空を超えて語られる超リアルな人の転生・原発事故で誰も知らない真実・宇宙の基本概念・パラレルワールドの解明。今回初めて創造された魂。虚空蔵55の正体が明らかに

好評既刊

宇宙全別巻
20年後世界人口は半分になる
その後地球はユートピアと化す
二七二ページ／定価・本体四六三円＋税
みわ
虚空蔵55

人類史上初めて人は本当の自由を手に入れる

好評既刊

宇宙全別巻2
誰が地球に残るのか
三九二ページ／定価・本体一三八九円＋税
みわ
虚空蔵55

宇宙の黎明期から星々での転生・弥生時代・江戸時代と時空を超えて語られる超リアルな人の転生・原発事故で誰も知らない真実・宇宙の基本概念・パラレルワールドの解明。今回初めて創造された魂。虚空蔵55の正体が明らかに

宇宙全史 質疑応答4

２０１８年９月30日　初版発行

著　者　みわ
　　　　　虚空蔵55

発行者　古川益三

発　行　株式会社まんだらけ
　　　　　東京都中野区中野５-52-15　〒１６４-０００１　電話０３-３２２８-０００７

印　刷　大日本印刷株式会社

ISBN978-4-86072-147-3　C0011